Augen Blicke

Eine Sammlung von Texten aus der Schreibwerkstatt
der Universität des Dritten Lebensalters Göttingen

Zusammengestellt von Ruth Finckh, Manfred Kirchner
und den Autorinnen und Autoren dieses Buches

Buchgestaltung: Manfred Kirchner
November 2019

Die Anthologie entstand im Rahmen der von Ruth Finckh geleiteten offenen Schreibwerkstatt an der Unjversität des Dritten Lebensalters (UDL) Göttingen

Herstellung und Verlag:

BoD – Books on Demand, Norderstedt

ISBN: 9783750416536

Illustrationen und Bilder lt. Bildunterschrift

Umschlagbild: Samira R. Belmonte

Augenblicke

Der Versuch einer Definition, aber nur eine
Sammlung von Aspekten

Tiere
Insekten
Fische
Menschen

Wechselwirkung mit Gehirn
real
— Täuschung
Licht

in Verbindung mit Mimik

Botschaft — **Augen** — **Wahrnehmung**

die Augen „verdrehen"

Iris
Linse
Hornhaut
Netzhaut

Reaktion
Reflexe

Augenblicke

über den Tellerrand [x]
nach außen [x]
nach innen [x]
nach vorn [x]

Schrecken
Seele
bewissen(?)
Wunde(?)

Zukunft
Ziel
Wunsch

Zurück [x]

Blicke — **Blickkontakte**

fragend belehrend
bestätigend
fordernd
ermutigend

Zeit

Gegenwart → direkter
Wechsel in Vergangenheit

Ereignisse zu
einem bestimmten Zeitpunkt
=
Rückblicke, Vergangenheit

teilweise lange Vorgeschichte
führen einem bestimmten
Augenblick

---

x) gilt nur im übertragenen Sinn

Manfred Kirchner

iv

Inhaltsverzeichnis

Auge in Auge

Hansi Sondermann

Beinahe vergessen: Termin bei Eva Inselmann. Tonometrische Untersuchung, dazu die Scanning-Laser-Ophthalmoskopie; für mich das Spannendste an der Augenkontrolle.

„Gut! Jetzt die nächste Reihe!" „Zwei... ...drei... sechs... vier... Nein, Moment... sieben...null."
„Na ja, das sieht doch nicht schlecht aus! Nun die Reihe darunter!" „Da kann ich nur raten....!"
Danach in die Dunkelkammer.

„Setzen Sie sich dicht vor den Apparat, ganz dicht, drücken Sie ihr linkes Auge fest gegen den Gummirand, sehr fest bitte, und nicht dabei bewegen, damit wir ein genaues Bild bekommen. Blicken Sie jetzt auf das kleine rote Haus... Moment! Fester an den Rand drücken und nicht bewegen. Ja, so! ...Ganz ruhig. **Blitz!** Sehr gut. Nun das rechte Auge, in derselben Weise dicht...aber das kennen Sie ja. Dabei fest drücken...etwas mehr nach links, nur etwas, ja, korrekt, und nicht bewegen!" **Blitz** „Hervorragend! Nehmen Sie da vorn Platz, Frau Doktor wird Sie gleich rufen!"

„Grüß dich, alter Knabe! Und: wie war's vor der Tafel?" „Die ersten Zahlenreihen okay, dann aber... Katastrophe! Ich glaube, ich brauche eine schärfere Brille!" „Mal langsam, Johnny. Jetzt erst vor die Spaltlampe! Stirn und Kinn fest andrücken. Das linke Auge... Kinn fester andrücken! Gut so! ...Jetzt das rechte Auge, dasselbe... Na also! Augendruck ist okay. Jetzt sehen wir uns die Ophtalmoskopie an... Sieht insgesamt auch gut aus." „Lass mich bitte mal…" „Dann steh auf und blick hier hinein."

Dieser Blick ins Augeninnere; ins eigene Auge! Auge in Auge. Erregend. Aufregend. Irgendwie aber wie eine fremde Welt.

Eva erklärt: „Dort – die Blutgefäße der Retina, die hellrot scheinenden Arterien überkreuzen die dunkelrot scheinen- den Retinavenen, siehst du? … Da die Papille, der so ge- nannte „Blinde Fleck", das ist der Sehnervenkopf…. Da, wei- ter nach links unten der „Gelbe Fleck", die Makula, kaum von Blutgefäßen durchzogen; darin die Fovea centralis, eine leichte Einsenkung der Netzhaut…, der Ort des schärfsten Sehens….
Also auch hier insgesamt ein gutes Bild. Du kannst zufrie- den sein; über eine schärfere Brille reden wir später. Wich- tig heute waren Augendruck und Verfassung deines Augen- hintergrundes."
„Also kann ich beruhigt…" „Sag ich doch! Mach ´s gut, du alter Diabetikaner – und sauf nicht so viel!"

„Du hast in dein Augeninneres geblickt? Geht das über- haupt?" „Jaaa!!" „Wozu machst du das denn?" „Sonst kenn´ ich mich ja nur von außen. Is ´n wahnsinniges Erlebnis. Die- ser Blick: Auge in Auge!"

Augen. Blicke.

Philipp Schrum

Seine Augen sind geschlossen. Und dennoch bemerkt er die Blicke der Vorübergehenden. Es gibt nur zwei Arten, wie Menschen ihn anschauen: Mitleidend und verachtend. Beide kann er nicht ausstehen. Traurig macht es ihn und wütend. Die Leere, die in seinen Augen zu sehen ist, sagt allen anderen: ich brauche eure Hilfe. Er bekommt sie in Form von Pfandflaschen und übrig gebliebenem Wechselgeld. Manchmal jedenfalls – oft sind es auch nur verachtende Worte, ein Rümpfen der Nase, verständnislose Blicke.

Er öffnet die Augen. Reges Treiben in der Mönckeberg-straße. Eine junge Frau läuft vorbei, erfreut über den Inhalt der Plastiktüten, die sie stolz herumträgt. Ein Mann im Anzug läuft mit schnellem Schritt einem Taxi entgegen. Verwundert schaut dieser nach unten, als er den Becher umstößt und ein wenig Kleingeld herausfällt. Auch die Blicke, die vermieden werden, können verletzend sein. Ignorant, das ist wohl noch eine dritte Art, auf ihn herab zu sehen...
Oder an ihm vorbei.

Wann das Elend begann, daran kann er sich kaum erinnern. Mit dem Tod seiner Frau begann die Abwärtsspirale. Zuerst der Alkohol, der Verlust des Jobs, schließlich die Kündigung der Wohnung und nun: Kälte und Dunkelheit um ihn herum. Wenn er seine Runde macht, vom Haupt-bahnhof zur Binnenalster und zurück zur Mönckeberg-

3

straße, geht er meistens gebückt, den Blick nach unten gerichtet.

Nicht zu viel sehen und bloß nicht zu viel gesehen werden.

So dünn. So dünn ist er geworden, dass sich seine Augen in ihren Höhlen zu verstecken scheinen. Doch sehen kann er noch. Immer wenn die Schwäche ihn beinahe überwältigt, ist sie es, die ihn besucht. Sie taucht vor ihm auf, vor seinem inneren Auge, mit dem Glänzen, ohne Urteil, aufrichtig schön, nur ihrem Blick möchte er nicht ausweichen, er will ihn festhalten, in diesem Traum verweilen. Ihr Anblick scheint ihm zu sagen – alles wird gut, wenn du mir nur endlich folgst.

Er schließt die Augen. Und schläft.

Foto: Manfred Kirchner

Feldforschung

Gerhard Diehl

Noch war die aufgehende Sonne hinter dem benachbarten Hügel verborgen. Spiegelglatt und ruhig lag die kleine Wasserfläche vor ihm. Nichts regte sich. Das würde sich in den nächsten Stunden ändern, schon bald würden die üblichen Tagesgäste hier einfallen.

Walter konnte es kaum erwarten. Er hatte rasch gefrühstückt und war dann rechtzeitig vor den anderen aus dem Gastraum aufgebrochen. Sollte seine Frau doch ruhig noch bei diesem englischen Pärchen sitzen bleiben. Sie hatte Linda und Graham gleich am ersten Abend in der Bar kennengelernt und sie ihm anschließend auch noch vorgestellt. Dabei wusste sie doch genau, dass er sich aus solchen Urlaubsbekanntschaften nichts machte. Walter schaute auf seine Uhr und lächelte. Es blieben ihm noch gut zehn Minuten. Routiniert ließ er sich auf die Liege gleiten. Vierzig Jahre ornithologische Feldforschung hatten ihn gelehrt, immer rechtzeitig auf seinem Beobachtungsposten zu sein. Zufrieden rückte er den Schirm zurecht, den er gestern noch unauffällig in Position gebracht hatte. Dass seine Frau ihn dabei mißtrauisch von ihrer Liege aus beäugt hatte, war ihm ebenso wie ihr tadelndes Räuspern entgangen.

Das Prachtfinkenmännchen würde ihn nicht wahrnehmen, nicht ahnen, dass jede seiner Bewegungen genau beobachtet und notiert würde. Es war ein älteres Exemplar, das hatte Walter am Gefieder erkannt. Die charakteristische bunte Haube war zu einem schütteren Braunbeige verblasst, das Deckgefieder an Brust und Rücken zeigte die typische breite Streifung, die je nach Lichteinfall vom Bläulich-Gelben ins Grünlich-Braune übergehen konnte. Ein Farbwechsel vom blassen Blau zum Grün war in den letzten Tagen auch in Bauchraum und an den länglichen Schenkeln mehrfach zu beobachten gewesen. Kein Zweifel, ein geschlechtsreifes, älteres Prachtfinkenmännchen.

In diesem Jahr hatte Edelgard den Urlaub geplant. „Endlich einmal Ferien weitab von deinen gefiederten Freunden", hatte sie triumphiert und gezielt diese kleine, moderne Hotelanlage in Stadtnähe ausgewählt. Beim Packen war sie dann wieder damit gekommen. Sie hatte ihn mit diesem verdächtigen Funkeln in den Augen gemustert und warnend den Finger gehoben. „Hör mir endlich damit auf, in jedem Hotelgast einen raren Vogel zu sehen! Wir sind – verdammt noch einmal – nicht auf einer deiner Exkursionen, du alter Spinner!" Mit sicherem Griff hatte sie das abgewetzte Kästchen mit den hölzernen Balz- und Lockpfeifen zwischen seinen sorgsam zusammengelegten Unterhosen hervorgezogen und es mit angewidertem Gesichtsausdruck beiseite gelegt. „Damit muss ein für alle mal Schluss sein! Ich will nicht schon wieder dieses Theater, dass alle sich von dir beobachtet fühlen!"

Folgsam hatte Walter genickt. Selbstverständlich hatte Edelgard recht. Was sollte ihm die für dieses Habitat übliche Zugvogelpopulation mit ihrem raschen, fast rhythmischen Wechsel noch an Neuem bieten? Und so hatte er sich, als sie vor drei Tagen hier ihre Suite bezogen hatten, auf zwei langweilige Wochen am Pool und auf der Sonnenterrasse mit ihren weißen Liegen und bunten Schirmen eingestellt.

Doch als er am Morgen nach der Ankunft das erste Mal im Pool seine Bahnen gezogen hatte, um sich zu erfrischen, war plötzlich unmittelbar vor ihm mitten auf der Terrasse ein Prachtfinkenmännchen aufgetaucht. Direkt vor seiner Nase! Ein Prachtfinkenmännchen, das unverkennbar mit dem Nestbau beginnen wollte. Und er, Walter, konnte dieses seltene Tier beobachten. Beim Nestbau, vielleicht sogar bei der Paarung. Sein Herz schlug schneller bei diesem Gedanken. Das erste Mal wissenschaftlich dokumentiert, weltweit! Sein junger Nachfolger auf dem Lehrstuhl würde schon merken, dass er, Walter, nach wie vor der führende Taxonom im Feld der Passeriformes war.

Alles blieb ruhig am Wasser. Nichts würde das Männchen verscheuchen. Ein leises Rascheln in seinem Rücken ließ Walter aufhorchen. Er stellte sein Fernrohr scharf. Und tatsächlich, wie an den vergangenen beiden Tagen näherte sich der Prachtfink mit den langsamen, für die Spezies charakteristischen schleifenden Beinbewegungen seinem bevorzugten Platz. Walter beglückwünschte sich im Stillen. Gerade dieses Exemplar zeichnete sich durch seine besondere Standorttreue aus, was die weitere Beobachtung naturgemäß deutlich erleichtern würde.

Ruckartig, mit eng anliegender Haube, bewegte es den Kopf. Sorgfältig sicherte es seine Umgebung, drehte sich mehrfach und umrundete bedächtig seinen offensichtlichen Lieblingsplatz. Begleitet von kräftigen Flügelbewegungen breitete es rasch und geübt einige weiche, mattenartige Moosstücke auf der erhöhten Nistplattform aus. Routiniert wurde hier und da gezupft, bis die Oberfläche makellos geglättet schien. Wieder und wieder umkreiste das Männchen seinen Platz mit schräg gelegtem Kopf, ruckte mit deutlichen Erregungssignalen vor und zurück. Irgendetwas schien noch zu fehlen. Gebannt hielt Walter die Luft an. Blitzartig hatte der Prachtfink auf zwei kleinen, tischartigen Erhöhungen rechts und links seiner Nestfläche, die Walter bisher völlig entgangen waren, ein paar raschelnde schwarz-weiß bedruckte Blätter abgelegt, die er noch einmal mit seinen Flügelspitzen sorgfältig glattstrich. Jetzt zog er sich mühsam ein längeres Rohr, das unten in einem dicken Fuß endete, heran, das links von seinem Nest in Position gebracht wurde. Ob er so das Nest gegen die aufgehende Sonne schützen wollte? Erneut schaute das Männchen sich ruckartig um, musterte wachsam seine Umgebung. Fühlte es sich etwa doch beobachtet? Walter war dankbar für den perfekten Sichtschutz.

Seine Anspannung löste sich erst wieder, als es sich der Prachtfink mit einem fast seufzend klingenden Geräusch in seinem Nest bequem machte. Tatsächlich drehte er dabei seinen Bauch nach oben, der aufgehenden Sonne entgegen und streckte die langen bleichen Schenkel mit den kurzen fünf Krallen weit aus. So etwas war noch nie zuvor dokumentiert worden.

Von fern hörte Walter die schnatternde Geräusche zweier Weibchen. Sie kamen rasch näher, aufgeregt zwitschernd. Er drehte sich nicht nach den beiden um, sondern starrte gebannt unter der Kante seines Schirms hindurch auf das Nest, justierte für alle Fälle noch einmal das Okular.

Er spürte die wachsende Erregung bis in die Fußspitzen. Würde es schon jetzt zur Paarung kommen?

„Walter", Edelgards Stimme schnitt förmlich in seinen Nacken. „Nicht schon wieder – du bist schließlich über zehn Jahre im Ruhestand." Sie schnappte empört nach Luft und versuchte gleichzeitig, ihre Begleiterin entschuldigend anzulächeln. Linda hatte sich kopfschüttelnd auf die sorgfältig vorbereitete Liege neben ihren Mann im blaugelb geringelten T-Shirt fallen lassen. Demonstrativ drückte sie Graham einen Kuss auf den Mund und musterte Walter mit hochgezogenen Brauen. Seine Frau würdigte sie keines Blickes mehr.

Edelgard spürte einen Kloß im Hals. „Kannst du nicht einfach mal entspannt am Pool liegen wie alle anderen auch? Musst du schon wieder die Hotelgäste beobachten und dabei diese bekloppten Notizen machen? Nicht einmal vor unseren Freunden hier machst du Halt! Du bist sowas von unmöglich. Nächstes Mal bleibt auch noch dein verdammtes Fernrohr zuhause!"

Walter blickte, wie immer in solchen Momenten, mit glasigem Blick über Edelgards rechte Schulter in die Ferne. Er zuckte kaum merklich mit den Achseln. In seiner Brusttasche wusste er das kleine Büchlein mit den kostbaren Notizen sicher aufbewahrt.

Foto:
Renate Schörken

9

Kamelien für Erich Fromm — Hansi Sondermann

Locarno. Piazza Grande. Unter dem schattigen, cremefarbenen Vordach des *Gran Caffè Verbano*.

Vor mir ein Campari orange und meine Gauloises. Endlich kann ich mal wieder durchatmen.

Das Internationale Filmfestival Locarno ist zu Ende. Die 26x14 Meter Leinwand und die 8000 grünen Sitzstühle auf der Piazza Grande sind abgebaut. Der immer gleiche Rummel um die Stars – wenn du einige aus der Nähe gesehen hast, bist du froh, sie nicht kennenlernen zu müssen – hat sich schneller gelegt als in Gang gesetzt. Aber es ist halt mein Job, hier zu sein. Wobei ich neben den Pflichtvorführungen auch die Angebote im *Locarno Garden* intensiv ausgekostet habe; was man meiner Visage – der Spiegel hat es mir am Morgen brutal gezeigt – auch ansehen kann.

Meine Filmkritiken sind täglich per Telefonat zur Filmkunst-Redaktion. Was die prämierten Streifen betrifft, ist mein Urteil überwiegend negativ: Der pardo d´oro an *Meledetti vi amerò:* Nein! Der „Silberne Löwe“ an *Clarence and Angel*: Auch nicht. Allein der Leopardo di bronzo an *Opname* ist ... na ja, doch, war okay. Für einige meiner Kollegen, die sich im Positiven suhlen, bin ich sicher wieder ein filmästhetischer Snob.

Mit dem letzten Festivalfilm ist mein privates Locarno-Programm aber noch nicht zu Ende. Heute das frühere *Grand-Hotel* besucht, in dem Stresemann, Briand und Chamberlain im Oktober 1925 den Locarno-Vertag konzipiert haben. Im *Castello Visconteo* die dort ausgestellten Kostüme der besten Visconti-Filme angesehen. Heute Abend mit Viola Odermatt in der *Osteria Borghese* zum Käse-Fondue.

Jetzt will ich erst mal hoch nach Muralto, Annis Freeman besuchen, die Witwe Erich Fromms. Deshalb schnell zum *Parco delle Camelie*.

Ja! Der opulente Strauß Kamelien passt: blass-violett, zartrosa, ein Hauch orange; eine Kombination, die ahnen lässt, warum diese Blume auf Literaten wie auf Musiker so werkinspirierend gewirkt hat.

Auf dem kleinen Namensschild neben dem Klingelknopf steht noch immer *Prof. Fromm*. Er hat, wie ich von Dietmar Mieth erfahren habe, bis zuletzt mit seiner Frau Annis in einer der oberen Etagen dieses Wohnblocks gewohnt. Mein mehrmaliges Klingeln ist jedoch vergeblich.

Also zum Campo Santo. Dort zu den neueren Gräbern; Erich Fromm ist am 18. März 1980 gestorben.

Ich werde meinen Blumenstrauß auf das Grab dieses Mannes legen, den ich sehr verehre. Vielleicht einige stumme Worte mit ihm reden. Seine Schriften *Haben oder Sein* und die Radioansprachen *Über die Liebe zum Leben* sind für mich zu einer Lebensleitlinie geworden, sogar zur permanenten Verhaltenskorrektur.

Jener junge Mann mit Rucksack und Kamera, der ebenfalls suchend durch die Gräberreihen geht, hat offenbar dasselbe Ziel wie ich; er blickt hin und wieder lächelnd zu mir herüber. Nachdem wir getrennt voneinander das Gräber-

11

feld durchlaufen und zahlreiche Grabinschriften studiert haben, gehen wir, wortlos miteinander abgestimmt, gemeinsam zum *Cimitero custode*.

Der uns jedoch, nach dem Grab Erich Fromms befragt, die Auskunft gibt: „Professore Fromme bruciato nel crematorio a Bellinzona... anche sepolto li!"

Ich bin enttäuscht, wie der junge Mann, der sich schulterzuckend lächelnd von mir verabschiedet.

Den für Erich Fromms Grab bestimmten Blumenstrauß in der Hand, stehe ich da wie ein enttäuschter Liebhaber, blicke ein wenig ratlos über die Gräberlandschaft.

Dort, am Ende einer langen Reihe Kindergrabstellen: Eine junge Frau in Schwarz. Sie kniet, nach vorn gebeugt, vor einem Grab, das sie, wie ich sehen kann, mit zärtlicher Sorgfalt pflegt. Ich gehe langsam auf sie zu. Es ist offensichtlich das Grab ihres Kindes – wie auf dem Emaille-Foto zu sehen ist, ein noch sehr junges Mädchen. **Gabriela** steht auf dem Schild.

Die Frau hat offenbar meinen Schatten neben sich bemerkt; sie dreht schnell ihren Kopf nach oben, steht auf, sieht mich an. Unsere Blicke begegnen sich. Ungewöhnlich lange. Dieser Augen-Blick lässt, wie ich im Moment empfinde, die Zeit stillstehen.

In den bleifarbenen, tränenlosen Augen dieser jungen Frau: unsägliche Trauer. Die jetzt auch mich ergreift. Tief in mir spüre ich einen Verlustschmerz, der mich mit dieser fremden Frau verbindet.

Noch immer habe ich meinen Blumenstrauß in der Hand. Der jetzt aber wieder adressierbar ist! Als die junge Frau niederkniet, sich wieder dem Grab ihres Kindes zuwenden will, knie auch ich mich hin und lege den Strauß langsam auf das Grab. Wieder begegnen sich unsere Blicke. Ihre Augen haben jetzt einen stillen Glanz. Sie umarmt mich scheu und küsst meine Hand, die ich schnell zurückziehe.

Ich bin sehr berührt. Diese junge Frau hat ihr Kind verloren, ihr Alles, das Leben ihres Lebens. Doch denke und hoffe ich: Als Mutter wird sie wissen, dass Gabriela nach wie vor an ihrer Seite ist, und sie wird immer ihre Tochter vor sich sehen, wie auf dem Emaille-Bild – im weißen Kommunionkleid, mit ihrem geflochtenen Haar. Irgendwann jedoch wird sie sich von ihr lösen müssen; und es wird sie Kraft kosten, ungemein viel Kraft, um ihre liebe Tochter endgültig loszulassen.

Das Fondue ist hervorragend, wie auch der Merlot vom *Tenuta San Giorgio*! Trotzdem ist der Abend für Viola und für mich unbefriedigend. „Was ist mit dir los, hast du keinen Appetit oder kein Interesse an dem, was ich sage?" „Nein… doch, entschuldige!" Viola glaubt mir nicht. „Du bist gar nicht anwesend!" Stimmt! Sie muss mich immer wieder aus meiner Absenz ins Hier und Jetzt zurückrufen, sie empfindet mein Abweichen vom Thema und mein Abtauchen ins *Irgend-Nirgend,* wie sie es nennt, als beleidigend; was sie mit lautem Redefluss und teilweise aggressivem Ton zu kompensieren versucht. Obwohl ich Violas Wut verstehe und mich innerlich selber anklage, kann ich und will ich ihr den Grund meiner zeitweisen *Abwesenheit* nicht nennen. Der Abend endet denn auch nur mit einer kurzen Umarmung und einem spröden Kuss.

Der Blick dieser Muralto-Frau lässt mich nicht los. Ich ahne – ich weiß, dass ich den Blickwechsel mit ihr nie vergessen werde, diesen sekundenkurzen Augen-Blick, in dem die Zeit aufgehoben schien. Und in dem ich erlebt habe, dass der Blick zwischen Menschen zu den intimsten Lebensmomenten gehört.

Der Besuch

Helga Margenburg

Es regnet schon die ganze Zeit, ein kalter, nieseliger Februarregen. Die Autobahn ist fast leer und ich drücke mächtig aufs Gas. Es ist noch früh und noch dunkel; die Rücklichter der vorausfahrenden Autos spiegeln sich zitternd auf dem nassen Asphalt. Ich sollte nicht so schnell fahren. Schließlich sind Mama und Papa bei einem Autounfall ums Leben gekommen. Ist schon lange her. „Fahr langsamer, Timo", sagt mir meine innere Stimme, doch ich ignoriere sie. Irgendwie hab ich ein komisches Gefühl, seitdem in aller Herrgottsfrühe das Pflegeheim angerufen und gefragt hat, ob ich nicht kommen könne, weil es meiner Großmutter nicht gut gehe.

„Aber das sind über fünfhundert Kilometer", habe ich gesagt und „Ich muss sehen, ob ich frei nehmen kann. Versprechen kann ich nichts". Die Stimme der Heimleiterin klingt noch immer in meinen Ohren nach. Eigentlich war sie ganz freundlich, doch ich meine, einen vorwurfsvollen Unterton herausgehört zu haben, als sie feststellte, dass ich seit ungefähr sechs Jahren nicht mehr da gewesen sei. „Ihre Großmutter hat oft nach Ihnen gefragt. Sie hat immer auf Sie gewartet. Besuch hat sie nie bekommen." Ja, tut mir ja auch irgendwie leid, aber was hätte ich denn machen sollen? Ich wollte Karriere machen, wegziehen nach München, ich wollte mein eigenes Leben leben, Spaß haben, feiern. Da passte die alte Frau nicht rein, in dieses Leben.

Fast körperlich spüre ich auf einmal die Wärme meiner Oma, sehe sie vor mir, wie liebevoll sie sich um mich gekümmert hat nach Mamas und Papas Tod. Sie hat mich großgezogen und es ist etwas aus mir geworden. Und ich? Was habe ich gemacht? Ja, die Lösung mit dem Heim war die beste. Es hat mich viel Überredungskraft gekostet, bis ich sie soweit hatte. Sie hätte ja ohnehin nicht mehr allein in ihrer Wohnung bleiben können, nachdem auch Opa gestorben war. Manchmal konnte sie die Knöpfe an ihrem Elektroherd nicht mehr richtig erkennen und drehte sie auf die höchste Stufe, so dass öfters das Essen anbrannte. Wer weiß, was sie noch angestellt hätte? Das habe ich mir immer wieder gesagt. Hab ich nicht recht?

Omas Gesicht vermischt sich mit dem Sprühregen. Noch immer zweihundert Kilometer. Ich sollte eine Pause machen.

Die Stimme der Heimleiterin will einfach nicht aus meinen Ohren verschwinden. Mein Gewissen meldet sich „Es hätte bestimmt andere Mittel und Wege gegeben, wenn du nur gewollt hättest", flüstert es. „Nein, hätte es nicht", widerspreche ich. „Es war gut so." Ich weiß, ich rede mir das nur ein, denn gut ist meilenweit entfernt von dem, wie es hätte sein sollen.

„Du hättest dich mehr um Oma kümmern müssen", sagt mein Gewissen wieder und „ du hättest sie wenigstens mal anrufen können."

Ja, ja, ich gebe es ja zu: es war mir zu lästig, immer alles doppelt und dreifach sagen zu müssen, weil Oma schwerhörig war und besuchen, ach Gott, dieser ganze Aufwand. Im Heim wird man sich schon um sie gekümmert haben, hat ja einen guten Ruf und schließlich zahle ich ja auch noch dazu, weil das Pflegegeld nicht reicht. „Für deine Freunde war dir kein Weg zu weit", meldet sich wieder die Stimme. Ich will sie nicht hören und drehe das Autoradio lauter.

An einer Tankstelle halte ich an. Mein 5er BMW schluckt mächtig Sprit. Am Kiosk kaufe ich einen bunten Strauß Frühlingsblumen, fertig verpackt in Cellophan. Sie sehen nicht mehr frisch aus, aber egal. Oma wird es gleich sein. Alte Leute sind ja nicht so anspruchsvoll und sehen meistens auch nicht mehr so gut.

Das letzte Mal, als ich Oma gesehen habe, verfehlte sie das Glas, wenn sie aus einer Flasche einschenken wollte und sie fand das Schlüsselloch nicht. Sie hat behauptet, ihre Brille sei zu schwach und hat der Augenärztin nicht geglaubt, die ihr erklärte, es läge nicht an der Brille, sondern an ihren Augen. Na, ja, in diesem Heim wird man schon für eine neue Brille gesorgt haben. Und einen eigenen Elektroherd braucht sie schon gar nicht. Außerdem: was sie sehen will, wird sie schon sehen, und was sie hören will, wird sie auch hören. Das ist bei alten Menschen immer so.

Als ich gegen Mittag das Seniorenheim erreiche, hat es endlich aufgehört zu regnen. Ich klappe die Sonnenblende herunter und schaue in den darin eingearbeiteten kleinen Spiegel. Soweit ich erkennen kann, sehe ich eigentlich recht gut aus. Dunkles Haar, dunkle Augen, volle Lippen. Trotzdem schmiere ich mir ein wenig Gel ins Haar, um die widerspenstige Strähne zu bändigen, die mir immer ins Gesicht fällt, und streiche mir mit angefeuchteten Fingern über die Augenbrauen, die immer ein wenig störrisch sind. Noch ein Tropfen Herrenparfüm hinters Ohr und die Krawatte

umbinden, die auf dem Rücksitz liegt und die ich eigens mit-
genommen habe, damit Oma stolz auf ihren Enkelsohn sein
kann, auf sein gepflegtes Äußeres. Gutes Aussehen bedeutet
ja schließlich auch Erfolg, nicht wahr?

Mit einem mulmigen Gefühl betrete ich das Heim und
frage mich zum Zimmer meiner Großmutter durch. Es
riecht komisch auf dem Flur. Nach Desinfektion und Ster-
ben, wie in einem Krankenhaus, aber vielleicht bilde ich mir
das auch nur ein.

Kaum, dass ich die Klinke heruntergedrückt habe, fragt
eine dünne, helle Stimme „Timo?"

„Ja, ich bin da, Oma", sage ich und bleibe unsicher in der
Tür stehen. Erst kann ich sie gar nicht sehen, dann entdecke
ich sie im Bett. Klein und zerbrechlich wirkt sie, wie sie so
da liegt, sie verschwindet fast in den weißen Kissen.

„Ich wusste, dass du kommst, mein Junge. Irgendwann.
Ich wusste es." Ihre Stimme klingt jetzt fester.

„Ich...ich...ich konnte nicht eher", stammele ich und su-
che nach den passenden Worten für eine Entschuldigung.
„Ich wollte...ich....äh... soviel zu tun..."

„Komm her", unterbricht sie mich, ohne auf mein Ge-
stammel einzugehen und streckt die Hand nach mir aus.
Eine kleine, dünne, faltige Hand. Doch die Hand greift ins
Leere.

Erstaunt sehe ich sie an. „Was ist mit dir? Geht es dir
gut?"

Sie antwortet nicht, nur ein feines Lächeln spielt um ihre
blassen Lippen. „Schön, dass du da bist, mein Junge!"

18

Ich weiß nicht, was ich sagen soll, wickele die Blumen aus und zerknülle das Cellophan.

„Es raschelt", sagt sie.

„Ja klar, raschelt es", denke ich, „ist doch logisch." Ich sage aber nichts und lege ihr die Blumen auf die Bettdecke. „Für dich!"

Vorsichtig streicht sie darüber und fragt „Welche Farbe haben sie?"

„Bunt", antworte ich verwundert, „ganz bunt."

„Bunt", wiederholt sie leise und es klingt irgendwie erstaunt, „Bunt wie das Leben."

Wir schweigen beide.

„Komm näher, mein Junge", flüstert sie. „Ich möchte dich fühlen." Sie streckt die Hand nach meinem Gesicht aus und wieder greift sie daneben.

Wie Schuppen fällt es mir plötzlich von den Augen. Ich begreife, dass sie mich nicht sehen kann. In ihren Augen ist Leere. Es ist kein Ausdruck darin.

„Oma", beginne ich, doch es fällt mir nichts ein, was ich sagen könnte. Für eine Erklärung und erst recht für eine Entschuldigung fehlen mir einfach die Worte. Ich betrachte ihr kleines, faltiges Gesicht, umrahmt von dünnen, weißen Haaren im weißen Kissen und bemerke, dass auf einmal eine Veränderung in ihr vor sich geht. Die leeren Augen scheinen zu leuchten, als sie zärtlich über die Blumen streicht.

„Lebendige Blumen", flüstert sie, „lebendige, bunte Blumen für mich!" Sie hebt den Strauß an ihr Gesicht und atmet

19

den Duft ein, mit langen, tiefen Zügen. „Danke, dass du gekommen bist", sagt sie leise.

Auf einmal hört das Atmen auf.

„Oma?"

Ich bekomme keine Antwort.

Stumm stehe ich an ihrem Bett und streiche vorsichtig über ihre Hand. Ganz friedlich sieht sie aus, den Blumenstrauß an ihre Wange gedrückt.

Stumm stelle ich mich ans Fenster und sehe hinaus. Es hat wieder zu regnen begonnen. Dicke Tropfen rinnen über die Scheibe.

Heute werde ich sicher nicht mehr zurückfahren können.

Ülker Bisküvi

Wilfried Seitz

An Peron 13 des Bus-Terminals in Adana stand der *Otoman*-Bus bereit für die 850 Kilometer Fahrt nach Istanbul. Der laufende Motor schien die einsteigenden Fahrgäste zur Eile anzutreiben und zugleich ergriff sie dabei ein aufgeregt-wohliges Gefühl. An der Gepäckklappe herrschte geschäftiger Betrieb. Der hemdsärmelige Fahrer-assistent wies mit wichtiger Miene Thomas Sendler den Platz zu. Mit den ersten Worten des Fahrers aus dem Mikrofon erstarb der Lärm im Bus. Zum Schluss erhöhte sich die Stimme zu der Ansage: *„Bülent Ersoy!"* Die Passagiere klatschten begeistert. Es erklang Musik, türkische Schlagermusik. Mit einem riesigen Duftzer-stäuber ging der Fahrer-Assistent durch den Bus-Gang, Wolken süßen Parfüms zerstäubend. Morgenfrüh würde Sendler in Istanbul sein.

Langsam verschwamm Sendler im schweren Parfüm und in der Stimme des Sängers oder der Sängerin, es war ihm egal. Das Stimmen-Gesummse im Bus, das vom Schalten hin und wieder unterbrochene gleichförmige Motorbrummen, die vertrauter werdenden Musikklänge und immer entfernter wirkenden Gesprächsfetzen umhüllten ihn wie eine Einladung zum Schlaf.

Was war das? Sendler spürte eine leichte Berührung, ein Tupfen am Oberarm, kaum wahrnehmbar. Nochmal der leichte Druck. Er dreht den Kopf ein wenig und sah eine Hand, die sich zu ihm schob. Die zartgliedrigen, braunen

Finger hielten eine geöffnete Packung mit Keksen. Seine Blicke folgten dem Goldring-behangenen Arm. Schließlich drehte er sich ganz um zu dem rückwärtigen Sitz. Es war der Augenblick, den er sein Leben nie mehr vergessen würde.

Er sah eine zierliche Gestalt, Kopf und Oberkörper bedeckt von einem schwarzen Gesichtsschleier, dem Niqab. Aus dem schmalen Tuchschlitz zwischen Nase und Stirn trafen zwei tiefdunkle Augen die seinen. Mühsam entlockte er ein „çok teşekkür ederim", ein „Danke sehr" seinem spärlichen türkischen Wortschatz. Kaum wahrnehmbar weiteten sich in dieser Sekunde die tiefdunklen Pupillen gegenüber.

Vorsichtig scheu griff Thomas Sendler nach einem der Kekse. Die Augen vis á vis schienen mit den seinen zu verschmelzen. Das Gefühl, das ihn durchfuhr, war ihm völlig fremd. War es Erstaunen, Freude, Überraschung, Verwirrung, Zuneigung? Mit einem leichten Nicken zu der Person hinter sich, rollte er sich wieder in seine Sitzecke ein.

Wie aus einem Gedanken-Traum-Nebel kamen die Bilder der vergangenen Tage: Das Blaulicht der österreichischen Autobahnpolizei, die Kelle. Vor Ljublana der *Eiserne Vorhang, Nervosität* vor den Kontrollen. Der *Autoput*, die Nebelfahrt von Zagreb nach Belgrad, rostige Autowracks am Straßenrand, Zeugen tödlicher Überholmanöver. Die Irrfahrt in Sofia, Ismail war plötzlich weg. Das Misstrauen der Behörden an der türkisch-bulgarischen Grenze. Die Nacht unter der Autobrücke in Istanbul, morgens von lärmenden Marktständen umgeben. Wenig weiter die schreckstarre Menschen-Ansammlung, eine wassernasse Leiche vor Augen. Die endlose Weite Anatoliens bis zum Taurus-Gebirge. Das Eisenbett im Krankensaal, die geschlossenen Augen von Ismail im Kopfverband. Das dreckige Bett im Grenzhotel. Die Bilder verschwanden, Sendler schnarchte.

Vor zwei Wochen, in der ersten Dezemberwoche 1975, kam Ismail, Sendlers syrischer Kommilitone an der UNI in Hannover, mit dem Angebot, mit ihm zusammen zwei Limousinen kurzfristig gegen „gute Kohle" nach Syrien zu überführen. Wieder mal fast pleite, sah Sendler darin ein Geschenk des Himmels und zugleich eine willkommene Abwechslung.

Ismail würde den OPEL Admiral fahren und Thomas Sendler den VOLVO. Abfahrt war der siebte Dezember 1975. Onkel Abdullah, der beide Wagen in Deutschland gekauft hatte, saß in Sendlers VOLVO hinten im Fond. Onkel Abdullah verstand kein Englisch und erst recht kein Deutsch. Mit eisiger Würde trug er den weißen Kaftan und den *Shemagh*, den Baumwoll-Kopfschal, als er am 1. Advent 1976 in den Wagen stieg.

Eine Woche später war Sendler allein mit Onkel Abdullah an der syrischen Grenze angekommen. Zwei Tage zuvor, nach einer Übernachtung im Auto unterhalb der Zitadelle von Niğde, sollte es über den Taurus gehen. Die zahlreichen Serpentinen waren immer wieder in den Kehren, wo sich das Wasser sammelte, vereist.

Einen Augenblick lang sah Sendler noch die roten Bremslichter des vorausfahrenden, schleudernden Opel ADMIRAL, als dieser die rostige Leitplanke durchbrach und sich überschlagend den Abhang hinunter stürzte: Knöchelweiß fraßen sich die Finger des Arabers in die Rückenlehne von Sendlers Fahrersitz. Nach einer weiteren vereisten Kehre sahen sie vor sich den Opel Admiral seitlings liegen. Der schreiende Abdullah war nicht mehr zu beruhigen. Ismail hing mit blutigem Schädel bewusstlos über dem Lenkrad Es war ein Alptraum bis endlich ein klappriger schmutzig-weißer Krankenwagen mit schriller Sirene kam.

Sie brachten Ismail zurück nach Niğde, die nächste größere Stadt vor dem Taurus. Im Gefolge ein Polizeiwagen mit Blaulicht und der VOLVO mit Sendler und Onkel Abdullah. Auf der Polizeiwache übersetzte ein holprig englischsprechender Beamter den zeternden Abdullah: Schnellstmöglich wolle er nach Aleppo, um die Familie zu benachrichtigen.

Über 600 km waren es noch über Adana und Iskenderun zur Grenze. Die ganze Zeit glaubte Sendler, hasserfüllte Blicke des Arabers in seinem Rücken zu spüren. Ob Ismail noch leben würde wussten sie nicht. Die Geldübergabe für den Pkw-Transfer war bei Erreichen der syrischen Grenze vereinbart worden, dass es so ein gottverlassener Ort war, konnte sich Sendler, damals als es losging, nicht vorstellen. Auf der syrischen Seite erledigte Abdullah im Grenzbüro die Formalitäten.

Mürrisch nahm der syrische Grenzpolizist Sendler den Pass ab. Mit einem Kopfnicken zu einem schäbigen Flachbau weisend, brummte der Officer: „No Visa. Hotel..., tomorrow back Turkey!" So hatte sich das Thomas Sendler nicht vorgestellt. Der türkische Grenzposten *Bab al Hawar* lag etliche Kilometer weit im Westen, dazwischen karges, steiniges Niemandsland.

Ohne ein Wort zu sagen griff Onkel Abdullah in den Kaftan und zog vor aller Augen ein Bündel D-Mark-Scheine hervor, die vereinbarte Summe. Sendler war nicht wohl dabei, als er das Geld entgegennahm, um dann Richtung Hotel zu gehen.

Der Hotelwirt schlurfte zu einem Zimmer und brüllte etwas Richtung Doppelbett. Eine magere Gestalt schälte sich aus der Decke und verließ den Raum, dann durfte Sendler den Raum beziehen. Er machte die ganze Nacht kein Auge zu. Gegen Morgen suchte er die Toilette, vorbei an der Küche, aus der ihm ein ekelhafter Gestank von kaltem Hammelfett und fauligen Zwiebeln entgegenschlug. Die Toilette war ziemlich das Schlimmste, was er je auf Reisen gesehen hatte. Sendler entschied, sich in die nahegelegenen Steine zu schlagen, um sich zu entleeren. Es war ein eisig kalter Dezembermorgen.

Danach ging er zurück zur Kontrollstelle. Ein massiger, gemütlicher Truck-Fahrer nahm ihn mit. Beim türkischen Grenzposten gab es Probleme, ein Stempel würde angeblich fehlen. Mit einem Riesenwortschwall erreichte der Trucker, dass sie weiterfahren konnten.

Nach acht Stunden stieg Sendler am Bus-Terminal Adana aus. Er war todmüde und hungrig.

In zwei Stunden ging der Nachtbus nach Istanbul. Auf einem nahegelegenen Markt kaufte sich Sendler an einem winzigen Stand zwei von den hochaufgetürmten Sesam-ringen. Noch beim Bezahlen biss er in einen dieser köstlich duftenden *Simits* um sich dann, gleich nebenan, noch mit Tomaten und Obst einzudecken. Er reichte dem Verkäufer einen kleinen Lira-Schein und verließ den Stand in Richtung eines lebhaft bevölkerten Cafés. Kaum saß er, kam schreiend: „Mister, Mister!" rufend ein dünner Junge ange-rannt und hielt ihm die Hand mit einigen Münzen entgegen. Es war das Wechselgeld des Obsthändlers. Mit so viel Redlichkeit hatte Sendler nicht gerechnet. Um ihn herum saßen lautstark diskutierend schnauzbärtige Türken, regelmäßig nahmen sie einen tiefen Schluck aus dem trübwässrigen Glas mit wasserverdünntem *Raki,* dem türkischen Anisschnaps.

Sendler genoss das eiskalte Efes-Bier. Er stand auf und ging zu Peron 13, da stand der Bus nach Istanbul.

Thomas Sendler musste die ganze Nacht durchge-schlafen haben. Geweckt vom Lärm der aufbrechenden Buspassagiere und von Hunger, schaute er sich verwundert um. Die beiden Sitze hinter ihm waren leer. Er sah die leere Keksverpackung und las: Ülker Bisküvi.

Siena – Piazza del Campo   Hansi Sondermann

Vor dem *Caffè Fonte Gaia*. Im Halbschatten der Markise. Vor mir ein Espresso und eine *Dunhill Blue*; eine für mich neue Zigarettenmarke, die ich probieren will. Die Eiswürfel klirren im Glas. Eine Ameise flitzt über den Marmortisch. Ich sehe ihr zu, vermeide aber, sie zu zerdrücken; obwohl ihr Tempo gegen das Dolcefarniente verstößt, das ich im Moment genieße.

Am Nachmittag, wenn der Glockenton des Torre del Mangia sich mit den metallischen Klängen der Cattedrale di Santa Maria Assunta vermischt, lädt die Piazza del Campo zum kurzen oder längeren Innehalten ein.

Morgen findet hier der *Palio delle contrade* statt, dieser grandiose Wettkampf der 17 Stadtteile Sienas, der zu den härtesten Rennen der Welt gehört. Allein die Ouvertüre ist überaus sehenswert; dieser historische Umzug, in dem sich die Contrade in ihren mittelalterlichen Kostümen mit ihren Wappen präsentieren.

Welcher Stadtteil wird morgen gewinnen? Diese Frage beherrscht die Tische des Cafés. Paolo, der capo cameriere, tippt auf Contrade del Capricorno, den Stadtteil des *Steinbocks*.

Nach meiner kurzen gedanklichen Abwesenheit tasten meine Augen sich zeitlupenlangsam über die Szenerie hinweg. Immer wieder spannend: Aus dem Halbdunkel Menschen beobachten, die vorbeischlendern oder vorübergleiten. Den Blick auf eine Figur fokussieren, vor allem

27

studieren, was in ihrem Gesicht geschieht, wie es sich ver-
ändert, wie Gefühle darin entstehen, wechseln und verge-
hen.

Zum Beispiel die Dame in Granatrot, die am Nachbartisch
sitzt, kettraucht, einige Gläser Campari intus hat, in kur-
zem Abstand zu mir herüberblickt und schnell wieder weg-
sieht.

Todtrauriger Blick! Melancholische Lider. Wehmütige
Wimpern. Mater-Dolorosa-Mund. Eine echte Tragödin. Die
sich jetzt mit einer Sonnenbrille schützt.
Solche Frauen gehen mit dir leichter ins Bett, als die vor
Lebenslust Strahlenden. Sagt mein Freund Marcello; dieser
toskanische Don Giovanni.

Vom Sprachgewirr des Platzes umflutet, studiere ich
schreibend und zeichnend das Gesicht dieser granatroten
Dame, ihre Mimik, ihre Gesten, die Bewegungen ihrer
Hände. Nimm die Sonnenbrille ab! Ja! Große, südlich dunkle
Augen. Leichtes Beben ihrer Nasenflügel, zartes Zucken ih-
rer Lippen; ihr Mund wie eine Wunde. Baou!
Sie nimmt mich wahr, wirkt irritiert, nimmt das schmale
Buch in die Hand, das vor ihr liegt. Die Blätter gleiten durch
ihre Finger. Sie liest...liest nicht...liest! Ein Blatt bleibt ste-
hen: Sie liest nicht! Na also! Ihre Lippen blühen auf.
Meine Blicke berühren deine Augenbrauen, deine Lider,
deine Wimpern, hauchzart deinen Augapfel. Ich möchte

deine Tränen schmecken, aus deinen Augenwinkeln ein Lächeln herauszaubern.

Sie sieht erneut zu mir herüber, jetzt mit einem Blick, den ich als Frageblick deute, worauf ich ihr eine eindeutige Blickantwort gebe, die ein intensives Augen-Blick-Spiel einleitet, ein Blick-Duett folgen lässt. Ihre Blicksignale sind jetzt unverschlüsselt. Sie ist mir offensiv zugewandt. Das kann wirklich was werden!

Bis dieser blendend aussehende Mann, ein „Marcello Mastroianni"... das Silberhaar von einem charmanten Schwarz durchwebt, mit flotten, selbstbewussten Schritten über die Piazza eilt, auf den Nebentisch zusteuert und die eben noch schmerzerfüllte, tragödiendunkle, mir gegenüber aber schon leicht aufblühende, jetzt jedoch leuchtend lachende Frau in die Arme schließt.

Worauf ich den begonnenen Akt einer möglichen Liebeskomödie und die dazu passenden Bleistiftskizzen zerknülle, die Papierfetzen später meinem Schredder überlassen werde.

Zunächst aber meinen bereits dritten Espresso austrinke, meine *Dunhill* im Ascher ausdrücke, schnell zahle und gehe, um am nächsten Blumenstand eine langstielige Teerose...

Doch! Das muss jetzt sein, liebste Chiara.

Ruth

Lore I. Lehmann

Meine Mutter hatte eine Schwester und zwei Brüder, alle älter als sie. Sie hießen Tante Gretel, Onkel Hans und Onkel Martin. Ich kannte sie alle sehr gut. Aber dann gab es noch – ganz selten – den Namen Ruth. Für mich als Kind ein irrlichterndes Wesen, anscheinend ein kleines Mädchen, nicht etwa eine Tante. Das Kind war irgendwie weinrot angezogen, weinrot wie die Mütze und die Jacke meiner Puppe. Meine Oma Lotte hatte die Puppensachen genäht. Oma Lotte war die Mutter von der Ruth gewesen, aber Ruth war als Kind gestorben. Das war etwas zum Traurigsein, doch nicht nur. Irgendetwas Ruhiges und Schönes war anscheinend auch dabei.

Auf einem Foto kann man die ganze Familie sehen, im Wohnzimmer in Wuppertal. Meine Mutter ist die Kleinste, etwa fünf Jahre alt, sie sieht sehr ernst und sehr niedlich aus. Als diese kleine Inge später erwachsen und meine Mutter geworden war, zeigte sie mir das Bild im Album und sagte dabei mit trauriger Stimme, dass eigentlich auch ihre gestorbene Schwester Ruth darauf einen Platz hätte haben müssen. Ich war selbst noch ziemlich klein und stellte mir diese Ruth genau so vor wie die niedliche kleine Inge, aber wie eine Art Geist - zwar in das Bild gehörig, jedoch unsichtbar. In meiner Vorstellung waren die beiden Schwestern gleichaltrig. Manchmal hatte ich das Gefühl, dass Ruth auch meine Schwester gewesen sei und dass auch ich sie verloren hätte. Aber gesprochen wurde fast nie über sie.

30

Im Laufe der Jahrzehnte dachte ich kaum mehr an sie und meine kindlichen Phantasien. Doch seit einigen Wochen weiß ich nun etwas Konkreteres über jene kleine Ruth und ihr Schicksal.

In einem Band von Hermann Hesse aus dem Bücherbestand meiner Mutter fand ich ein Gedicht mit dem Titel „Auf den Tod eines kleinen Kindes". In der letzten Strophe heißt es:

> *„Vielleicht wenn unsre Augen, Kind,*
> *Einmal erlöschen, wird uns scheinen,*
> *Sie hätten von der Erde, Kind,*
> *Nicht mehr gesehen als die deinen."*

Unter diesem Text steht in der zittrigen Handschrift meiner etwa neunzigjährigen Mutter: „So sah mein Vater seine kleine Tochter Ruth in Posen 1902. Als sie dem Sterben nahe war, sah sie Vater an, als wisse sie alles und müsse es nicht erleben. Er sprach öfter davon. Immer wieder."

Ich besitze die Tagebücher meines Opas. Unter 1902 finde ich keinen Hinweis, aber dann schaue ich in den Band von 1903. Ich lese, dass ein Jahr nach der Geburt von Klein-Gretchen, seinem ersten Kind, am 21. Mai ein weiteres Töchterchen geboren wurde. Es erhielt die Namen Ruth Antonie Therese, war gesund, „ein liebliches Mägdlein mit schwarzen Haaren und graublauen Augen". Im Juni schrieb er: „Ruthchen sieht sehr niedlich aus mit ihren treublickenden sanften Augen". Doch im August erkrankte sie an Brechdurchfall und wurde immer schwächer. Geld für einen Arzt und für Medikamente konnten die Eltern nicht auftreiben, so sehr sie sich bemühten. „Hilfe tut not, doch scheint es, als ob wir von Gott und Menschen verlassen sind". Er war damals ein tiefgläubiger Laienprediger. Zwei Tage später, am 25. August, hielt er im Tagebuch fest: „Mittags, als ich vom Büro heimkehrte, fand ich Ruthchen sehr krank vor, das Kind hat große Schmerzen. Es zerschneidet einem fast das Herz, das arme Kind so leiden zu sehen und doch nicht helfen zu können. Möchte der Herr doch bald helfend eingreifen!"

Gegen Abend schrieb er, dass Ruth inzwischen ganz ruhig geworden war und friedlich da lag, als ginge es ihr besser. Doch in jener Nacht starb sie, gerade mal drei Monate alt.

Konnte es für die Eltern in ihrer Verzweiflung ein Trost sein, in den ernsten und „wissenden" Augen ihres sterbenden Kindes etwas zu sehen, das sie glauben ließ, dieses extrem kurze Leben sei dennoch vollendet? Vielleicht war es so. Vielleicht hat es dem jungen Vater in seiner Trauer geholfen. Von dem Schmerz und den Gedanken der jungen Mutter ist nichts überliefert.

Das Duell

Helga Margenburg

Tante Alma hat angerufen und mich zu ihrem 80. Geburtstag eingeladen. Das Kaffeetrinken soll bei ihr Zuhause stattfinden, nur die Familie und ein paar gute Freunde, vorher ein kleiner Sektempfang.

„Kommt Onkel Willi auch?" habe ich gefragt.

„Warum willst du das denn wissen?"

„Ach, nur so."

Sie wisse es noch nicht, hat sie geantwortet und nicht weiter nachgefragt.

Tante Alma hat ja keine Ahnung. Sie braucht es auch nicht zu wissen, ist ja über zwanzig Jahre her. Ich sollte endlich anfangen, nicht mehr daran zu denken und mich dem Geschehen stellen.

Ich bin schon heute in der Frühe angereist. Diesmal gab es keinen Grund für ein Fernbleiben. All die Jahre habe ich ein Zusammentreffen vermieden, doch diesmal ist mir beim besten Willen keine Entschuldigung eingefallen.

Ich hoffe, Onkel Willi kommt nicht.

Tante Alma hat mich gebeten, die Sektgläser zu polieren. Ihre Augen, ich wisse ja. Die Gläser stehen schon auf dem langen Holztisch mit der gehäkelten Spitzendecke im Wohnzimmer, der sogenannten „guten Stube", die nur zu besonderen Gelegenheiten benutzt wird. Vorsichtig halte ich die feinen Kristallgläser an ihrem Stiel, damit keines zerbricht.

Ich bin nicht mehr hier gewesen, seit ich fünf war. Ich sehe mich um. Nichts scheint sich verändert zu haben. Noch immer die gleichen Stühle mit den hohen Lehnen und das grüne Samtsofa, dessen Stoff inzwischen ein wenig verblichen ist. Die mit Ziergegenständen vollgestopfte Vitrine, in der auch das feine Ess-Service mit dem Goldrand aufbewahrt wird. „Eine Ansammlung von Staub", denke ich, „wie die gerahmten Fotografien an den Wänden und die Porzellanhunde im Bücherregal." Unter der Decke noch immer der Kristallleuchter. Mir scheint, er streckt seine gläsernen Arme nach mir aus.

Auf dem Beistelltisch stehen bereits Kaffeetassen und Kuchenteller bereit, ein Mix aus geblümtem und rein weißem Geschirr. Tante Alma hat einiges bei den Nachbarn ausgeliehen.

Wie ein Bollwerk steht auch noch immer der wuchtige Wurzelholzfurnier-Schrank an der Mitte der Wand. Ein Bollwerk, das mir keinen Schutz bot. Wieder ist die Erinnerung da, die ich so lange aus meinem Gedächtnis auszuradieren versucht habe. Dort, in die linke Ecke neben diesem üppigen Monstrum, hat Onkel Willi mich hineingedrückt. Ich habe es nie jemandem erzählt. Wieder höre ich seine Drohung „Wehe, du erzählst es jemandem. Man wird dir nicht glauben!" Seine Worte haben mir Angst eingeflößt, noch mehr aber die Vorstellung, was mit mir geschähe, falls ich es doch täte.

Nein, nichts hat sich verändert, außer mir selbst, so scheint es mir. Ja, ich habe mich verändert, doch vielleicht ist das neue Ich, das ich geworden bin, nur eine dünne Schicht, die jederzeit abbröckeln kann. Ich lehne mich an die Wand rechts neben dem Schrank. Die anderen Wände scheinen plötzlich näher zu rücken, der Raum wird kleiner, während er mich gleichzeitig wie ein riesiges Maul in sich hineinziehen will.

Plötzlich steht er vor mir. Onkel Wilhelm, Tante Almas älterer Bruder. Ich habe ihn gar nicht hereinkommen gehört. Ich habe gedacht, er sei aus meinem Leben verschwunden und noch bis eben gehofft, dass er nicht zur Feier käme. All die Jahre habe ich versucht ihn zu vergessen, so wie das Geschehen von damals. Ich bemühe mich, ruhig zu atmen, so wie ich es in den vielen Therapiestunden gelernt habe. Tiefe Atemzüge. Ich höre mein Herz pochen und versuche, die Schläge zu verlangsamen, ruhiger zu werden. Es gelingt und schließlich bin ich in der Lage, Onkel Willi anzusehen. Er ist ein alter Mann geworden. Dass er aber so alt geworden ist, habe ich nicht geahnt. Blitzschnell rechne ich nach. Er müsste jetzt 84 sein, vier Jahre älter als Tante Alma. Das weiße Haar ist schütter, sein Gesicht faltig, fast sepiafarben. Am liebsten würde ich ihm in dieses farblose Gesicht spucken. Einen Augenblick lang stelle ich mir vor, wie er wohl reagierte, wenn ich es täte. Doch mein Kiefer ist verkrampft und mein Mund trocken.

Ich tue es nicht.

Stumm stehen wir uns gegenüber und sehen uns unverwandt an. Seine Augen unter den buschigen Brauen sind von einem schmutzigen Grau, so schmutzig wie das, was er damals getan hat. Sie sind ein Tunnel in die Vergangenheit. Ich versuche, eine Regung darin zu entdecken, irgendetwas, vielleicht Bedauern. Es gelingt mir nicht. Diesmal habe ich keine Angst mehr vor ihm. Ich bin ihm ebenbürtig.

Keiner sagt etwas und keiner weicht dem Blick des Anderen aus. Es ist ein Duell auf Augenhöhe. Er ist der erste, der blinzelt und seinen Blick abwendet. „Du hast verloren", denke ich. In diesem Moment bin ich zwar die Siegerin, aber ich kann mich nicht darüber freuen.

Noch ehe ich etwas sagen kann, tritt er zu mir und drückt ohne Vorwarnung seine schmalen, kalten Lippen auf meine Wange. Ich kann ihm nicht ausweichen, genau so wenig, wie ich es damals konnte.

„Fass mich nicht an!", zische ich, doch er schüttelt nur verwundert den Kopf.

„Ach, Kindchen", sagt er leise.

„Ich bin kein Kind mehr. Lass mich in Ruhe!"

„Du warst so niedlich!", flüstert er.

Sein Mund verzieht sich zu einem schmalen Lächeln. Er streckt seine Hand nach mir aus. Kurz registriere ich, dass die Haut dünn und voller Altersflecken ist, und ducke mich weg. „Ich bin dir aus dem Weg gegangen seit damals", sagt er. Dann wendet er sich ab und stößt mit zittriger, belegter Stimme hervor „Verzeih mir, Tanja, es tut mir leid, was passiert ist. Ich wollte es nicht." Er macht eine altertümliche Verbeugung, dreht sich abrupt um und verlässt das Zimmer. Ich höre, wie er im Hinausgehen murmelt „Ich wollte es wirklich nicht, aber du warst so niedlich."

Ich stelle mich ans Fenster und sehe, wie er kurz darauf durch den Garten geht. Seine Schritte sind schlurfend und schwerfällig, die eines alten Mannes. Er bleibt stehen und schaut zurück. Mir scheint, sein Blick sucht meinen, als er mich hinter der Scheibe entdeckt. Langsam hebt er den Arm und winkt mir zu, wie früher, als seine Arme noch stark waren und ich mich noch vor ihnen gefürchtet habe. Alt, schwach und ungefährlich wirkt er jetzt. So, als würde er nicht mehr wirklich leben.

Für mich ist er bereits gestorben.

Nachdenklich fahre ich fort, die Sektgläser zu polieren, bevor Tante Almas anderen Gäste eintreffen und erschrecke, als eines in meinen Händen zerbricht, weil ich zu fest zugedrückt habe.

Foto: Manfred Kirchner

Zwischen den Stühlen

Ein Tandem-Projekt[1]

Claire Mattie-Seibt und
Manfred Kirchner

Marie

Maries Finger schwebte über der Maus. Sollte sie es wirklich tun? Abzuschicken würde so viel bedeuten. Sie würde etwas Schönes und so Wundervolles zerstören und dazu mindestens ein Leben. Aber sie könnte beruflich aufsteigen, heraustreten aus der Tarnung der Bürokauffrau beim Autohaus Müller. Würde mit ihrer Story einen ordentlichen Karrieresprung hinlegen und bald Chefin einer eigenen Abteilung und in ferner Zukunft vielleicht sogar die Chefin der Zeitung sein, für die sie arbeitete. An dieser Geschichte hatte sie Jahre lang gearbeitet, alles war perfekt ausgearbeitet. Jede Ausführung war stimmig und mit der Gehaltserhöhung würde einem ausgiebigen Urlaub auf den Malediven nichts mehr im Wege stehen. Aber da war ER, schlank, groß, immer gut gekleidet, ein Drei-Tage-Bart, hohe Stirn, graugrüne Augen, die etwas längeren Haare lässig nach hinten gekämmt: ein Typ wie Ewan McGregor. Er hielt sie zurück. Marie war in die Recherche hineingeschlittert, ohne zu wissen, worauf sie sich einließ. Ihr Auftrag war es, einen Drogenring auffliegen zu lassen. Es war ihr nicht schwer gefallen, mit gewissen Tricks verschiedenen Menschen wichtige Informationen zu entlocken. In den zwei Jahren, die sie undercover ermittelt hatte, war mehr

---

[1] Siehe Seite 233

38

geschehen und ans Licht gekommen, als sie je für möglich gehalten hatte. Und dazu hatte sie sich verliebt. Würde sie diese Geschichte als Film sehen, hätte sie sich spätestens zum jetzigen Zeitpunkt des Geschehens in ihre Decken eingerollt, die Chipstüte näher zu sich gezogen und der Liebe alle Daumen gedrückt. Aber das hier war kein Film. Das war die Realität, ihre Realität. Sie würde die Liebe ihres Lebens hinter Gitter bringen für sehr lange Zeit. Sie konnte es nicht tun und wollte es auch nicht. Ihr Herz klopfte wild. Ihr Finger über der Maus zitterte. Sie konnte sich nicht entscheiden. Liebe oder Geld? Die Stimmen in ihr stritten sich, Lynette und Vanessa.

Stopp.

Lynette

Ich legte seufzend den Hebel um. Pause. In Maries Welt verging keine Sekunde, doch hier in ihrem Kopf war das nicht der Fall. Durch ihre Augen blickte ich auf den Bildschirm. Dass sie wirklich so weit gegangen war? Der Bericht umfasste Dutzende von Seiten. Ich hatte immer versucht, ihr die Liebe schmackhafter zu machen als Geld, hatte sie in ihrer Liebe bestärkt. Ich hatte gehofft und hoffte immer noch. Sie würde nie wieder jemanden wie IHN treffen, er war perfekt für sie. Aber wie viel war ihr das wert? Vanessa neben mir hatte ganze Arbeit geleistet, aber ihre rationale Argumentation hatte mich nie überzeugt. Wie konnte sie dieses Geschenk, die wundervolle Beziehung zu diesem Mann, einfach so wegwerfen? Vanessa hatte fast ihr Ziel erreicht. Nur noch ein Mausklick trennte sie vom Sieg und dann hatten Geld und Ruhm gewonnen. Natürlich verstand ich das irgendwie. Es war wichtig, über die Runden zu kommen, angenehm, ein abgesichertes Leben zu führen, aber wir könnten das doch auch anders lösen. Grinsend blickte Vanessa mich von der Seite an. "Geld geht über Liebe, Herzchen. Das habe ich dir schon so oft gesagt", gab sie zu bedenken. Ich schüttelte traurig den Kopf. Um Vanessa, aber hauptsächlich um Marie zu zeigen, was er ihr, uns bedeutete, übertrug ich die schönsten Momente mit ihm auf die Innenseite ihrer Augen. Die besten Augenblicke mit ihm, die schönsten Küsse, die leidenschaftlichsten Blicke und die tiefsinnigen Gespräche. Davon gab es so viele. All das durchlebte Marie in dieser einen Sekunde. Ich blickte zu Vanessa hinüber, die verkniffen die Szenen betrachtete, die vor ihr abliefen. "Was wäre denn, wenn sie ihn warnt und sie zusammen durchbrennen?", fragte ich vorsichtig, da mein Gegenstück, die rationale Teufelin in Maries Kopf, Unsicherheit auf ihrem Gesicht durchscheinen ließ. Sie blickte mich an und der Moment war vorbei. "Und dann?", fragte sie knapp. "Was dann? Werden sie von den Gegenspielern verfolgt, womöglich von 'Ndrangheta selbst, haben keinen festen Wohnsitz, müssen fliehen-." "Aber sie haben einander", warf ich ein. Vanessa hob die dunkelroten Brauen. Als Maries innere Stimmen hatten wir beschlossen wie Engelchen und Teufelchen auszusehen. Marie war von uns abhängig, von Vanessa und mir, ohne es zu wissen. Ich wollte das Beste für sie, auch wenn das Beste eine absolut irrationale Entscheidung war. Ich wusste es selber, Vanessa hatte mir das oft genug klar gemacht. Auch mit Geld ohne Ende und einem tollen Haus würde sie nicht glücklich sein, wenn sie ihre große Liebe dafür verriet. Es war schon mehr als nur schwer gewesen, alles vor ihm geheim zu halten. Ausreden zu erfinden, weshalb er nicht mal schnell ihren Laptop benutzen durfte, warum er sie nicht spontan auf der Arbeit überraschen durfte. Vanessa schnaubte. "Durchbrennen! Hier geht es um Karriere." Am Liebsten wollte ich Marie dazu bringen, alles zu löschen, alles Erarbeitete verschwinden zu lassen und sich einen neuen Job mit IHM zu suchen, doch das konnte ich natürlich nicht. Keiner von uns beiden konnte auf eigene Faust handeln. Wir durften Marie nur vorschlagen, was sie tun sollte. Daraus würde sie dann ihre Entscheidung fällen. Wenn sie sich dann entschieden hatte, musste sich der andere beugen.

Vanessa

Ich schüttelte den Kopf, Lynette wollte einfach nicht verstehen, wie ernst es war. Marie brauchte das Geld mehr als Geschnulze. Sollte sie zwei Jahre umsonst für diesen wichtigen Auftrag gearbeitet haben? Wie konnte Lynette den Erfolg, der Marie ereilen würde, so leichtfertig wegwerfen? Ja, es war mehr entstanden, als geplant war, aber wieso sollte ER genau der eine sein, die eine große Liebe? Es gab noch genug Männer auf der Welt für Marie und sie konnte sie alle haben. Also, wieso für diesen einen Mann alles aufgeben? "Lynette", versuchte ich einen neuen Anlauf, sie zu überzeugen, einer von so vielen. "Glaubst du wirklich, dass dieser eine Mann das wert ist? Ja, sie wird ihn verletzen, ja sie wird-." Ich stockte, das hätte ich nicht sagen sollen. Lynettes Gesichtsausdruck war von bedrückt zu bestürzt gewechselt. "Aber er wird drüber hinwegkommen", sagte ich schnell. Wenn Lynette wieder eine ihrer emotionalen Krisen bekam, könnte es zu einem Kurzschluss kommen und alles Diskutierte wäre aus Maries Gehirn gelöscht. Eigentlich durften diese Pausen, die wir ihrem Kopf antaten, gar nicht so lange dauern. "Lynette reiß dich zusammen, sie wird einen anderen Mann finden, vielleicht eine andere Frau, und sie wird ihn vergessen." Dieser Auftrag und diese Mail, die Marie mit Sicherheit gleich abschicken würde, egal was Lynette einwarf, hatten so viel Einfluss auf alles: Karriere, Freundschaften, Ansehen. Es war das Beste. "Sie kann ihn im Gefängnis besuchen", warf ich schnell ein. Plötzlich änderte sich etwas an unserem Blickfeld. Maries Augen, die als unsere Fenster zur Außenwelt fungierten, verschleierten sich. Ich seufzte. Wenn wir die Zeit wieder für sie anschalteten, würde sie direkt anfangen zu weinen, wenn wir uns nicht auf eine bessere Lösung würden einigen können.

"Siehst du, was du angerichtet hast?", knurrte ich Lynette an. "Schau, wo uns diese ganze Gefühlskacke hingebracht hat." Ich dachte fieberhaft nach, auch wenn ich als der rationale Teil von Maries Gehirn fungierte, hatte ich Mitleid mit ihr und wollte um keinen Preis, dass sie traurig war. Aber ich verstand es einfach nicht. Job und Erfolg gingen eindeutig über die Liebe zu einem Schwerverbrecher. Aber irgendwie schien es doch das zu sein, was Marie wollte. Ich konnte es nicht verstehen, aber das, was ich verstand, war, dass Marie mit ihm glücklich war und das weiterhin sein wollte.

Ich seufzte. Das, was ich jetzt sagte, würde der größte Kompromissvorschlag sein, den ich je vorgebracht hatte. Nachdenklich blickte ich zu der weiß gekleideten neben mir hinüber und spielte mit der roten Kette an meinem Hals. "Wir werden wohl nicht drum herum kommen, aber, Lynette, du solltest dir klar darüber sein, was passiert, wenn sie ihn warnt und dann veröffentlicht. Jeder wird wissen, dass er mit ihr unterwegs ist. Jeder wird wissen, dass sie schuld ist. Sie werden sie jagen!". "Wozu gibt es Polizeischutz?", fragte Lynette leichthin. Ihr Gesicht hatte sich aufgehellt, der Schleier vor Maries Augen lichtete sich. Im Bewusstsein meiner Niederlage sagte ich: "Wir warnen ihn." Ich war nicht überzeugt davon, ich war absolut nicht überzeugt. Wir sahen uns schweigend an. Lynette lächelte dankbar.

Nun hieß es Marie vertrauen. Wir hatten ihr ihre Optionen dargelegt, ihr unsere Gedanken eingepflanzt. Ich wollte das Geld, Lynette wollte die Liebe. Wir beide wollten, dass sie glücklich war. Wie würde sie sich entscheiden? Ich legte den Hebel um.

Marie

Marie blickte auf den Bildschirm. Sie fühlte sich wie eine Verräterin und ihr wild schlagendes Herz echote in ihrem Ohr. Was sie ihm und sich antun würde, wollte sie nicht, um keinen Preis. Aber ... sie hatte doch so lange daran gearbeitet. Bisher, in der ganzen Zeit ihrer Ermittlungen, hatte sie ihr Gewissen verdrängt, was mit ihr und ihm am Ende geschehen würde, aber jetzt holte sie alles ein. Erschlagen lehnte sie sich in ihrem Stuhl zurück. Sie konnte das nicht einfach so tun, sie musste es anders bewerkstelligen. Es musste einen anderen Weg geben. Langsam nahm sie die Hand von der Maus und griff nach ihrem Handy. Wenn sie das Geld und ihn wollte, musste sie ihm erst beichten, wer sie wirklich war. Und was dann? Bevor sie weiter darüber nachdenken konnte, klingelte das Handy, dieser durchdringende Klingelton eines alten Wählscheiben-Telefons, den sie für seine Telefonnummer eingerichtet hatte. Sein Name leuchtete ihr entgegen. Sollte sie ihn wegdrücken? Sie wollte das Heft des Handelns in der Hand haben, sie wollte die Oberhand haben. Dann durfte sie jetzt den Anruf nicht annehmen. Er würde sie aus dem Konzept bringen, sie musste nachdenken. Nach unendlichem neunmaligem Klingeln schwieg das Handy. Was wollte Lorenzo? Es war ungewöhnlich, dass er sie zu dieser Zeit anrief. Sie vergrub das Gesicht in den Händen.

Lorenzo

Verdammt, warum geht sie nicht an's Handy? Sie müsste doch eigentlich ...

Lorenzo war wütend. Aufgeregt ging er im Zimmer auf und ab. Er spürte mit jedem Herzschlag wie das Blut durch seine Schläfen gepresst wurde. „Fuck, Fuck, Fuck!", rief er immer wieder in den leeren Raum. Und dann dieses spöttische Echo auf seine Rufe, das er immer wieder hörte, dabei ständig das Bild von Marie vor den Augen. Dieses unschuldige Lächeln, ihre strahlenden Augen, wenn sie sich trafen. Er hasste es, ratlos zu sein.

Marie! Was hatte sie getan. Für sie wollte er aus der Szene aussteigen. Und jetzt hatte sie ihn verraten? Wenn das stimmte, was er gerade von Marcello erfahren hatte, würde die Beziehung zu Marie der Vergangenheit angehören. Mehr noch. Er musste sie zum Schweigen bringen, um nicht selbst gefährdet zu sein. Aber wie? Sollte er jetzt zu ihr fahren, ihr die Macht der `Ndrangheta demonstrieren? Ihr das Messer an die Kehle setzen und zeigen, wozu er fähig wäre? Soll er ihren Computer zerstören? Oder ihn ihr wegnehmen und selbst nachschauen, was sie darauf gespeichert hatte? Aber vielleicht hatte sie ja die Daten in einer Cloud abgelegt oder bereits weitergegeben. Und was für Informationen hatte sie ausspioniert? War ihre Beziehung zu ihm nur Fassade?

Körperliche Gewalt? Das war nicht sein Stil. Nein, dazu liebte er sie immer noch zu sehr, trotz dieses Eklats.

Marcello hatte Maries Computer gehackt. Die Motivation dazu war Lorenzo nicht bekannt, aber das spielt auch keine Rolle. Sie konnte jetzt die aktuellen Daten nicht mehr weiterleiten. Aber was war mit ausgelagerten Informationen? Was wäre, wenn Marcello ihre Daten einfach ändern und fälschen, Fakes platzieren würde? Sollte sie sich bis auf die Knochen blamieren, wenn sie die Informationen weitergab? Aber da müsste Marcello ganz tief in Maries Daten einsteigen. Zum Glück hatte er wohl seine Kenntnisse noch nicht an die `Ndrangheta weitergegeben, Marcello, mit dem

Lorenzo viele gemeinsame Tage in den Ferien bei seinen Großeltern in Kalabrien am Strand, durch Höhlen und an verlassenen Orten herumgestreift war. Marcello war ein großes Risiko eingegangen. Was wäre, wenn die `Ndrangheta davon Wind bekommen würde. Nein, er musste mit Marie sprechen, um Marcello nicht zu gefährden. Marie musste die Daten löschen. Was hatte sie über ihn gespeichert? Oder hatte sich Marcello vertan?

War alles nur ein Missverständnis?

Es war nicht üblich, dass die `Ndrangheta, hier durch seinen Freund, ihn per Mail warnte, verschlüsselt. Warum hatte Marcello diesen Weg gewählt? Wie war er darauf gekommen, dass Marie sein Vertrauen missbraucht und ihn und seine Geschäfte ausspioniert hatte! Und dann der Plan, die Ergebnisse an Presse, Funk, Fernsehen und Justiz weitergeben zu wollen. Lorenzo hatte in einem langen Telefongespräch mit Marcello viel darüber erfahren, was Marie anscheinend von den Drogengeschäften, der Geldwäsche und dem oft nicht legalen Handel mit Autos wusste. Das sollte sie alles ausspioniert haben? Oder wollte da jemand einen Keil zwischen ihn und Marie treiben?

Lorenzo hatte in den letzten Wochen einige Weichen gestellt, um aus den illegalen Geschäften auszusteigen. Er hatte von einem gemeinsamen Leben mit Marie geträumt, frei von allen Belastungen. Die Liebe zum Land seines Vaters, zur italienischen Küche, die wunderschönen einsamen

Buchten, an denen es sich so göttlich träumen ließ, die Sonne, eine herrliche Villa in Strandnähe, für all dieses hatte er Marie begeistern können. Sicher müssten sie auch ein wenig Geld verdienen. Er als Händler von Luxusautos und Marie mit ihrer Erfahrung an seiner Seite, damit sollten sie genug Einkommen für ihren Lebensunterhalt haben, um la dolce vita genießen zu können.

Für seinen Auto-Ex- und Import würde sein Geschäftspartner Lorenzos Anteil übernehmen. Nun ja, der hatte den Kaufpreis kräftig heruntergehandelt. Der wusste ja von den Geldwäsche- und Drogengeschäften, die Lorenzo über diese Firma abgewickelt hatte. Zähneknirschend würde er das Angebot annehmen. Irgendwie war er auch froh, aus diesem Geschäft aussteigen zu können. Das Finanzamt hatte schon mehrfach Zweifel geäußert, dass Lorenzo alle Umsätze seiner Firma versteuert hatte. Zum Glück hatte keiner entdeckt, dass hinter dieser Fassade durch Lorenzo und seinen Onkel Drogenhandel betrieben wurde. Er hatte es immer geschafft, die Drogenkuriere von der Firma und seiner Wohnung fernzuhalten. Sein Onkel war bereit, Lorenzo aus dem Drogengeschäft zu entlassen, solange er diese Geschäfte noch über die Autofirma abwickeln könnte, gegen entsprechende weitere Sicherheiten. Sein Geschäftspartner würde auch in diese Geschäfte einsteigen, hatte er gesagt.

Es lief vor Lorenzos Augen wie ein Film ab: die vielen zärtlichen Stunden mit Marie, die herrlichen Urlaube mit ihr, die gemeinsamen Segeltörns entlang der kalabrischen

Küste, Feste mit Freunden, die Auslagen der Juweliergeschäfte und er auf der Suche nach einem passenden Verlobungsring. Der italienische Teil seiner Familie hatte ihn stark geprägt. Rituale wie ein Heiratsantrag hatten für ihn einen hohen Wert. Und Vertrauen. Dieses Vertrauen war zerbrochen. Pläne für eine gemeinsame Zukunft waren geplatzt. Oder doch nicht? Die Kutsche mit ihm und Marie auf den Weg in die Kirche, er in einem eleganten dunklen Anzug, schwarzen Schuhen und silbergrauer Fliege. Neben ihm Marie, in einem schulterfreien, cremefarbenen mit Pailletten besticktem langen Kleid. Marcello als Trauzeuge. Marcello? Was hatte er mit Marie zu tun. Wie standen die beiden zueinander?

Marie! Er musste mit ihr unbedingt sprechen, jetzt und nicht erst in einigen Stunden oder Tagen. Noch einmal anrufen? Das würde nichts bringen. Der eine vergebliche Anrufversuch hatte sie vielleicht schon gewarnt. Er musste ihr in die Augen schauen, wollte erkennen, ob ihre Liebe zueinander auch nur eine Fassade war ... Eigentlich sollte sie jetzt in ihrer Wohnung sein. Hastig verließ er sein Büro, stieg in seinen Jaguar und brauste los.

Lorenzo hätte beinahe eine alte Frau auf einem Zebrastreifen angefahren, so unkonzentriert fuhr er durch die Stadt. Dann immer wieder rote Ampeln, warten, warten ... Hinter ihm hupte jemand und bedeutete ihm, er solle doch fahren. Ach ja, die Ampel, grün... In seinem Kopf summte es wie in einem Bienenhaus. Tausend verschiedene Gedanken sprangen hin und her, lenkten ihn ab von seiner Autofahrt.

Die Zeit schien ihm unendlich, bis er vor Maries Haus hielt. Die Haustür stand offen. Schnell hastete er die Treppe hinauf in die dritte Etage zur Wohnung von Marie. Er klingelte, obwohl er einen Schlüssel für ihr Appartement hatte.

Lorenzo blickte in erschrockene Augen, die an ihm vorbeischauten, als Marie ihm die Tür öffnete. Sie flohen, ängstlich und auch hilflos vor seinen Blicken, wich ihnen aus. „Du? Ich habe dich nicht erwartet." Sie versuchte es mit einem Lächeln doch es wirkte angespannt. Daran, wie ihre Finger gegen den Türrahmen trommelten, erkannte er, wie nervös sie war. „Ich habe eigentlich jetzt keine Zeit." Kein Kuss, keine zärtliche Umarmung. Unter seinem durchdringenden Blick schien sie zu schrumpfen. „Wenn Du nicht an dein Handy gehst ...? Stimmt es?". Diese zwei Worte reichten. Er konnte die Antwort förmlich in ihren Augen lesen, aber hieß das auch, dass wirklich alles gelogen war? Sie standen noch immer zwischen Tür und Treppenhaus, starr, wie angewurzelt. Keine freundliche Aufforderung, einzutreten. Ihre Augen schauten ihn fragend an. "Was?" Sichtlich bemüht ihre Fassung zu bewahren, versuchte sie eine Frage zu formulieren. "Was weißt du?" Maries Stimme zitterte. Lorenzo zweifelte kurz, ob er sie direkt fragen sollte. Er brauchte jetzt Gewissheit. „Du hast mich undercover ausspioniert?" Entsetzt schaute Marie ihn an. "War deine Liebe auch nur gespielt? Habe ich zwei Jahre lang meine Gefühle an eine Verräterin verschwendet?".
Er war laut geworden, seine Stimme hallte im Treppenhaus wider. Es war ihm egal, er wollte wissen, woran er war,

wer dieser Mensch vor ihm war. Marie war zusammenge-
schreckt und zog ihn schnell in ihre Wohnung. Ehe er sich
versah, lagen ihre Lippen auf seinen. Lorenzo lies es gesche-
hen. Für diesen kurzen Augenblick war alles gut, der Kuss
fühlte sich gut an, Marie fühlte sich gut an. Doch dann...

Lorenzo löste die Umarmung und schaute in ihre tränen-
gefüllten Augen. Wie ein Blitz fuhr es ihm in den Kopf:

Der Judaskuss?

Marie

Was sollte sie ihm sagen? Wie sollte sie erklären? Der
Schmerz und die Wut in seinen Augen waren unüberseh-
bar. "Ich liebe dich, Lorenzo." Ihre Stimme zitterte zwar,
aber das änderte nichts daran, wie ernst sie diese Worte
meinte. "Ja ich hatte den Auftrag, die 'Nrangheta auffliegen
zu lassen. Dann hab ich mich in dich verliebt und jetzt
weiß ich nicht, was ich tun soll."

Stopp.

Lynette

Meine Hand lag auf dem Hebel, den ich soeben umgelegt
hatte, und ich blickte starr in Lorenzos Augen. Dieser
Schmerz, diese Wut. Es hätte nie so weit kommen dürfen.
Maries Augen waren verschleiert, die Tränen würden flie-
ßen und egal, wie rational Vanessa einwirken würde, es
würde nicht helfen. "Was sollen wir tun, Vanessa?", fragte

ich tonlos. "Sie liebt ihn, er sie auch und sie wird ihre Ergebnisse nicht mehr abschicken können." Verzweifelt blickte ich zu Vanessa. "Ich hab Angst. Was, wenn er sich gegen sie und uns entscheidet." Ich raufte mir die Haare. Was sollten wir nur tun? Mein Atem beschleunigte sich.

Vanessa

Oh nein. "Beruhig dich, Lynette." Bitte kein Kurzschluss. Es konnte Tage dauern bis sich Marie davon erholte. Ich versuchte ruhig zu klingen, aber ich kannte diesen Blick, ich kannte die Stimmlage und jetzt auch noch ihre Atemnot. "Nein, Lynette. Wir finden eine Lösung, sie lieben sich!" Hätte Marie auf mich gehört, wäre das alles nicht passiert. Sie wäre in einem anderen Land unter Polizeischutz und mit viel Geld. "Lynette, leg den Hebel wieder um. Bitte!" Ihr Körper begann zu vibrieren und ihr tränennasses Gesicht war das letzte, was ich sah.

Schwärze.

Marie

Plötzlich sah sie ganz klar. Die Stimmen in ihr hatten aufgehört zu streiten und die Beziehung zu ihren Emotionen fühlte sich an wie abgeschnitten, taub. Es war doch alles so leicht, wieso hatte sie nicht schon viel früher diese Lösung in Erwägung gezogen? Sie blickte Lorenzo in die Augen. Kein Mitleid durchzuckte sie, als sie die folgenden Worte sagte.

"Ich zeige dich an."

Keine Trauer, kein Hass, keine Liebe.

Stumm war Lorenzo gegangen. Marie schaute apathisch auf den Bildschirm ihres Laptops. Was war das? Der Mauszeiger bewegte sich ohne ihr Zutun.

Sie erstarrte.

Bild: Ingrid Hüchting

Auto-Inspektion

Hansi Sondermann

Der morgendliche Lärm vertreibt ihn aus dem Bett. Verdammt! Der Schädel. Was für 'ne Nacht. Nach dem Ende der Theater-Party mit seinem Jazzquartett noch mal in die Bar; dort den Letzten, der immer wieder der Erste war. Bis Margot trotz des Säuferprotestes den Laden zugemacht hat, um ihn, als Ben, Gerd und Atze weg waren, in ihre Wohnung mitzuschleppen, wo sie beide, vom allerletzten Nachttrunk angetörnt, von der Spätspätspätnacht bis zum Hahnenschrei...

Love me tonight and let the devil take tomorrow!

Nachdem er die Dusche verlassen hat, beginnt er sich zu rasieren. Nass! Wie immer. Aber: der an sich automatische Akt verläuft heute anders: Er kann den Schaum nicht so schnell und unversehrt von der Haut schaben wie sonst. Er schneidet sich ins Kinn.

Was ihm nur passiert, wenn er high oder total verkatert ist. Und – ist er heute? Ja, beides!

Der Spiegel zeigt ihm ein blasses verknautschtes Wintergesicht. Er geht ganz nah heran und sieht sich genauer an: Trotz des exzessiven Jazzer-Lebens noch einigermaßen... oder? Na ja... sagen wir: Die Visage eines ausgebrannten Hedonisten. Heute jedoch: Ecce homo. Der wahre Schmerzensmann.

Die Augen, vor allem die Augen: stumpfes Grau. Die Lider, wie schwere Vorhänge; nicht nur heute. Der Mund: Trinkfähig, gesangsfähig, ja... und jederzeit kussbereit!

Sein Spiegelbild ist das ihm seit langem vertraute, trotzdem immer wieder fremde Bild des eigenen Gesichtes. Er blickt in seine Augen, betrachtet seine Regenbogenhaut, starrt in seine Pupillen.

Er sieht in seinem Gesicht die Züge seines Vaters wieder, mit den Zügen seiner Mutter vermischt, unauflösbar miteinander verschmolzen, aus dem tiefsten Spiegelgrund aufgetaucht. Tote, in seinen Gesichtszügen wieder auferstanden.

Eine wie immer spannende Entdeckung; eine intensive und auch furchterregende Körpererfahrung.

Das morgendliche Hungergefühl und der brennende Nachdurst des noch immer ungestillten Nachtdurstes reißt ihn aber schnell aus seinem Gedankenchaos, führt ihn zum Nahrhaften, führt in die Küche, führt ihn einfach und auch sicher zum Frühstück. Mineralwasser alpin! Kaffee brutal!

Sein Gesicht, seine Augen im Spiegel des Küchenbords: Vitalität und Lebensfreude! Na so was!

Julischka, d'Hex Wilfried Seitz

Über Nacht ist es ganz still geworden draußen. Immer dicker und dichter fiel der Schnee.

Die Tage zuvor war es klirrend kalt im Februar 1956. Freudig aufgeregt stapften wir mit unseren Schulranzen durch den tiefen Schnee. Der kleine Wall vor der mittelalterlichen Stadtmauer war als Rodelpiste auf dem Weg zur Volksschule eine willkommene Abwechslung. Mit dem Hintern auf dem Schulranzen, die Beine hochgestreckt, ging es ab. Das böse Erwachen kam bei der Hausaufgaben-Kontrolle. Schmelzende Schneereste machten meine, mühselig mit dem Tintenfüller erledigten Schönschreib-Aufgaben, zu einem blass-blau verlaufenden Tintensee auf dem Blatt. Aber ich war nicht der Einzige!

Auf dem Rückweg von der Schule sahen wir überall dick vermummte Menschen, mit riesigen Schnee-Schaufeln die Horner-Schlitten beladen, um die weiße Fracht dann ächzend mit vereinten Kräften in den Stadtbach hinter unserem Haus zu kippen.

Unser Hinterhof mit seinen vielgestaltigen Räumlichkeiten musste wohl in den zwanziger Jahren entstanden sein, als mein Opa sich entschloss, die Metzgerei zu vergrößern und aufzustocken. Der große Schuppen beherbergte die Garage, dahinter einen Schweinestall und darüber einen Torfspeicher. Das Flachdach bildeten Blechbahnen, die an den Rändern ineinander gefalzt waren. Im Sommer flatterten auf diesem Dach fröhlich vereint blauweiß gestreifte Metzgerblusen, rotweiß-karierte Schürzen, Leintücher und die riesigen, wollenen „Liebestöter" meiner Oma.

Angrenzend an unser Blechdach war das alte Ziegeldach des Nachbarhauses mit einer Fensterluke. Die dazu gehörende kleine Dachwohnung bewohnte eine Frau, *d'Hex*, wie sie von allen in unserem Viertel genannt wurde. Keiner wusste was von ihr, aber es wurde viel gemunkelt. Karten würde sie lesen und hellsehen, hörten wir Kinder – uns war sie unheimlich! Manchmal fiel der Name: Julischka. Ein Namenschild an dem schäbigen Eingang gab es nicht. Bei Dunkelheit flackerte nur ein schwaches Licht aus Ihrem Zimmer. Zuweilen glaubten wir, schemenhaft eine Gestalt zu sehen.

Angst machte sie uns! Keines von uns Kindern hätte sich je allein in die Nähe dieses Fensters gewagt. So wie uns Angst packte, wenn einer von uns in den tiefen, nur mit einer schwachen Funzel beleuchteten Gewölbekeller musste, um Most aus dem Fass oder eingelegte Eier aus dem Steingut-Topf mit Wasserglas zu holen. Jedes Mal

fürchteten wir uns dazu vor den Ratten im Keller. Eine merkwürdige, gruselige Angst beflügelte unsere kleinen Schritte zurück in die oberen Räume.

Bild: Wilfried Seitz

Nach allem was wir uns als Kinder so zusammen raunten, musste es sich bei der Hex' wirklich um eine böse Frau handeln. So kam es denn auch zu unserer „Heldentat"!

Bild: Wilfried Seitz

Meine größere Schwester hatte die Idee. Eigentlich hätten wir schon im Bett sein müssen, da zogen wir uns warm an und schlichen auf das dick beschneite Blechdach. Ingeborg machte es vor. Wir pressten dicke Schneebrocken zusammen, um diese dann ganz vorsichtig vor dem Dachluken-Fenster angstfreudig geschäftig aufzuschichten. Langsam wuchs die Schneewand vor dem Fenster. Was wäre, wenn das Fenster aufgerissen würde? Wir wagten es nicht, uns das vorzustellen. Noch eine Lage der dicken Schneebrocken, dann war die Luke dicht. Ungläubig schaute ich zu, wie meine Schwester noch mit einem Eimer kaltem Wasser ankam und das Wasser langsam über die Schneewand goss.

Morgen würde unsere Schneemauer eine Eiswand sein und die Hex' würde nie, nie wieder Licht sehen!

Das spitze W und der Strich über dem m

Lore I. Lehmann

Die Handschriften meiner Eltern unterschieden sich ebenso stark wie ihre Persönlichkeiten. Meine Mutter schrieb große, schwungvolle, runde Buchstaben, mit vielen Schnörkeln und nicht immer leicht lesbar. Die Buchstaben meines Vaters waren eher klein, gleichmäßig und spitz, nach rechts geneigt, die Großbuchstaben fast immer in Druckschrift. Wörter mit Doppel-m erhielten nur ein m, mit einem Strich darüber. Das war früher üblich gewesen.

Nie hätte ich die Schrift meiner Mutter nachahmen können, aber die meines Vater übte ich als Kind immer wieder sorgfältig ein für einen eventuellen Notfall bei erforderlichen Unterschriften unter Zeugnisse oder Klassenarbeiten. Beider Handschrift konnte ich ab dem 1. Schuljahr auf Anhieb erkennen und bald auch erlesen.

Mehr als sieben Jahrzehnte später sollte mir das nützlich werden.

Ich hatte vor einigen Jahren den ungeordneten Nachlass meiner Mutter in meinem Keller verstauen müssen. Mein Bruder, meine Tochter und ich waren stark daran interessiert, ein bestimmtes Schriftstück unseres vor mehr als 50 Jahren verstorbenen Vaters bzw. Großvaters aufzufinden.

Der Keller war allerdings mit dem Nachlass hoffnungslos und chaotisch vollgestopft.

Mein Bruder kam angereist, um beim Sichten des Materials zu helfen und eventuell – das war die große Hoffnung – dabei auf die gesuchten Aufzeichnungen unseres Vaters

58

zu stoßen. Nützliche Tage waren das, viel Interessantes wurde gefunden und geordnet, doch die Aufzeichnungen blieben verschwunden.

Aber dann, kurz nach seiner Abreise, untersuchte ich einen Leitzordner mit der Aufschrift „Briefe". Tatsächlich enthielt er Briefe, nämlich sämtliche Briefe des Vaters aus den KZs an unsere Mutter, seine damalige Verlobte. Doch das war nur die obere Hälfte des Inhalts, darunter befanden sich - die so lange gesuchten Aufzeichnungen!

Nicht auszudenken, wie uns zumute gewesen wäre, wenn diese Papiere tatsächlich endgültig verloren gewesen wären. Es handelte sich um einen Bericht, den mein Vater gleich nach Kriegsende jemandem in die Schreibmaschine diktiert hatte, über seine fünfeinhalb Jahre als Häftling in vier verschiedenen KZs der Nazis. Achtzig Seiten über seine alltäglichen Erlebnisse in diesen Lagern.

Mein Bruder und ich hatten natürlich immer gewusst, dass unser Vater im KZ inhaftiert gewesen war und wie durch ein Wunder schließlich überlebt hatte. Es wurde in unserer Kindheit so gut wie nie darüber gesprochen, aber uns Kindern war bewusst, dass der Vater ein mutiger Mann gewesen war und großen Respekt verdiente. Ein Denkmal gewissermaßen. Daneben gab es natürlich noch unseren real existierenden Vater. Ein Workaholic, nicht sehr präsent im Familienleben, mal liebevoll, mal autoritär – ein Vater wie viele andere auch. Er sah auch keineswegs heldenhafter aus als andere. Er war älter als die Väter unserer Freunde – schließlich hatte er erst mit 50 Jahren geheiratet – und wirkte wie ein typischer Büromensch, immer im Anzug mit

Weste, mit Schlips und austauschbarem gestärktem Kragen. Sein Lebensstil war bürgerlich, seine Gewohnheiten durch und durch geregelt.

Wir Kinder wuchsen heran. Wir erlebten gelegentlich, dass unsere Eltern für ihre mutige politische Haltung gewürdigt wurden. Wir waren damit einverstanden, es gab nichts dagegen zu sagen, aber die Verbindung zwischen unseren persönlich und konkret erlebten Eltern und den „Denkmälern" war für uns kaum erkennbar. Wir konzentrierten uns darauf, unser eigenes Leben zu leben und kümmerten uns daher weniger als manche Außenstehende darum, die Biographien unserer Eltern im Detail zu betrachten und zu verstehen.

So war ja schon der gelegentlich auch von uns benutzte Begriff „im KZ gesessen" distanzierend und verfremdend, eine handliche Kurzfassung. Unsere Eltern hatten über diese Erlebnisse nicht gesprochen, sie also auch nicht mit Leben erfüllt, nicht anschaulich gemacht. Die KZ-Vergangenheit des Vaters konnte in unserem Leben als erwachsene Kinder an einem respektablen Platz abgelegt werden, hatte jedoch mit uns emotional wenig zu tun.

Und nun waren die gesuchten Aufzeichnungen wieder aufgetaucht! Sie begannen mit der Verhaftung gleich bei Machtantritt der Nazis 1933, nach dem Reichstagsbrand, und endeten mit der Entlassung unseres Vaters aus Buchenwald 1938.

Auf einmal wurde aus dem „Denkmal", aber auch aus unserem Alltagsvater, ein Mensch, von dem wir, seine Nachkommen, vieles nicht wussten. Ich war die erste, die nun las, was ihm widerfahren war in jenen Jahren, und es war nicht leicht zu ertragen, dass dieser Mensch, mein sehr geliebter Vater, solche furchtbaren Erlebnisse erst kurze neun Monate hinter sich hatte, als ich geboren wurde. Eigentlich war es unfassbar. Wie hatte er denn das alles nach seiner Rückkehr ins normale Leben innerlich verarbeitet? Ich weiß, dass er nicht einmal mit unserer Mutter über seine Erlebnisse sprach, sie wurde nur immer wieder Zeugin seiner nächtlichen Albträume.

Auch die anderen Mitglieder der Familie, die nun die Aufzeichnungen durchlasen, waren erschüttert und versuchten trotzdem, einigermaßen nüchtern mit seinen eher sachlichen Beschreibungen des KZ-Alltags umzugehen. Und jetzt, nach so vielen Jahrzehnten der Distanz, begannen wir zu recherchieren. Warum nicht eher? Wir hatten doch gewusst, dass er inhaftiert gewesen war. Wir hatten sogar von seinen Aufzeichnungen gewusst. Ja, wir hatten manches im Grunde „gewusst", aber die Zeit war wohl nicht reif gewesen, uns damit zu befassen. Wie man sich Versäumnisse eben gern erklärt, wenn man die eigenen Beweggründe nicht so ganz versteht.

Die Gründe für die Inhaftierung unseres Vaters waren uns natürlich bekannt gewesen: Er hatte jahrelang – bis zum letztmöglichen Tag - in seiner Zeitung und auf großen Versammlungen intensiv vor den Nazis gewarnt. Seine Entlassung schließlich, 1938 aus Buchenwald, war offiziell nicht begründet worden. Sehr wahrscheinlich hatten Bemühungen von Prominenten der internationalen Friedensbewegung, vor allem aus Großbritannien, eine bedeutende Rolle dabei gespielt.

Es stellte sich jetzt beim Lesen der Aufzeichnungen heraus, dass unser Vater am längsten, nämlich drei Jahre lang, im KZ Lichtenburg in Prettin bei Torgau/Elbe gefangen gehalten worden war. Diese Burg aus dem 16. Jahrhundert wurde seit 1812 als Gefängnis, Zuchthaus und schließlich unter den Nazis als KZ benutzt.

Über ein Jahr lang hatte er dort auf Befehl der SS eine Chronik der Burg schreiben müssen. Ein umfangreiches Werk offensichtlich. Ob wohl jetzt, nach über achtzig Jahren, noch Spuren dieser Chronik erhalten geblieben sein konnten? Wohl kaum, aber sollte man nicht mal nachspüren?

Ich schrieb – mit nur wenig Hoffnung auf Erfolg - eine Mail an die dortige Gedenkstätte und hatte einige Stunden später bereits eine Antwort: Eine solche Chronik war dort nicht bekannt, doch die Anfrage war gleich an das Stadtarchiv weitergeleitet worden. Die nächste Mail berichtete von mehreren Chroniken, von denen eine nur fragmentarisch erhaltene anscheinend 1935 verfasst worden war und bisher keinem Autor hatte zugeordnet werden können. Vermutlich ein Häftling oder ein Aufseher. Sie sei mit Schreibmaschine geschrieben und weise handschriftliche Korrekturen auf.

Handschriftliche Korrekturen konnten vielleicht einen wichtigen Hinweis geben auf die Identität des Verfassers.

Wenn das nun womöglich die Handschrift meines Vaters war? Ich wusste aus seinen Aufzeichnungen, dass er zum Entsetzen der Mithäftlinge bei der SS einen schreibmaschinen-kundigen Mann angefordert hatte, weil er selbst mit einer Maschine nicht umgehen konnte.

Das war ihm tatsächlich gewährt worden, obwohl es eigentlich ganz undenkbar war, als Häftling einen fordernden Wunsch zu äußern. Die vorgesehene und durchaus privilegierte Aufgabe hätte ihm wieder entzogen werden können, üblicherweise zusammen mit einer Bestrafung wegen Unverschämtheit. Mein sturer Vater war sogar noch weiter gegangen: Er hatte den Kommandanten um einen Stuhl mit Lehne gebeten, weil er auf Dauer auf einem Schemel nicht nachdenken könne. Mithäftlinge und Aufseher fassten sich an den Kopf und erwarteten Schlimmes – doch er erhielt seinen Stuhl.

Ob die vorgefundenen Fragmente nun wirklich Teile der von meinem Vater damals verfassten Chronik waren? Ich war gespannt und aufgeregt, als ich nur eine Woche später mit meinem Mann zur „Lichte" fuhr, wie das KZ damals von den Häftlingen genannt worden war. Ich wollte es jetzt wissen, ich hätte nicht länger warten mögen.

Es war schon ein besonderer Moment, als wir durch das Eingangstor der Burg fuhren. Da waren die beiden Innenhöfe, auf denen damals viele Gewalttaten und sadistische Willkürakte verübt worden waren. So hatten die Häftlinge immer wieder mit ansehen müssen, wie einer von ihnen auch bei einem geringen Vergehen im Hof auf dem „Block" festgeschnallt und ausgepeitscht oder geprügelt wurde. Oder wie in einem dieser Höfe Tage lang neu angekommene Homosexuelle („175er") in der Hocke hüpfen mussten, bis sie vor Schwäche liegen blieben. Wir sahen dort den Zellenbau, die Türme, so, wie es mein Vater beschrieben hatte

Im Gebäude der Gedenkstätte trafen mein Mann und ich auf drei Frauen, die uns schon erwartet hatten. Sie waren in unterschiedlichen Funktionen an meinem Vater und an der Chronik interessiert, denn sie hofften, einige im Dunkeln gebliebene Vorgänge aus der Zeit des KZs erhellen zu können.

Wir tauschten Informationen aus, und dann kam der Moment, in dem ich die handschriftlichen Anmerkungen in der getippten Chronik begutachten sollte.

Die Blätter wurden mir vorgelegt. Ich sah erst einmal nur einige Wörter. Vor Aufregung war ich fast blind, mit Schleiern vor den Augen: ich sah die originale und vertraute Handschrift meines Vaters! Genau so hatte er immer geschrieben. Die kleinen spitzen Buchstaben, besonders das spitze W! An einem Seitenrand eine typische Anweisung von ihm, dem routinierten Redakteur, an einen Setzer: „Einz. petit eng". Und im Text das Wort „bestimten" mit einem m und einem Strich auf dem m.

In diesem Moment, hier in der bedrückenden Burg, fühlte ich plötzlich seine persönliche Anwesenheit!

Was für ein Augenblick! Mir wurde schwindelig. Ich kämpfte mit den Tränen, bis ich sagen konnte:

Ja, das ist die Handschrift meines Vaters.

Das Bad im Walde - Artemis und Aktaion

Helga Margenburg

Es wurde langsam hell. Der Mond, der still vom hohen Nachhimmel gestrahlt hatte, zog sich zurück und machte Platz für Eos, die Morgenröte.

Artemis saß auf der noch taufeuchten Erde am Waldesrain und blickte versonnen über die Ebene, die sich weit vor ihr öffnete. In der Ferne zeichnete sich der Umriss des Gebirges ab mit seinen Höhen und Tälern. Sie konnte die Silhouette der Berge und Bäume ausmachen, über die sie herrschte. Ölbäume und Pinien, davor die rosa blühenden Tamariskensträucher und duftender Lavendel „Dies alles ist mir untertan", dachte sie, „ich bin die Herrin über alle Wälder und Tiere, und sogar über den Mond." Sie konnte die Stimmen der Vögel unterscheiden und den Lauf der Gestirne deuten. Sie fand sich im Dickicht des Waldes zurecht, sie befehligte alle Waldtiere. Die Rehe, Hirsche und sogar die Bären waren so zutraulich, dass sie ihr aus der Hand fraßen, selbst die giftigen Schlangen und Skorpione taten ihr nichts, und sie konnte gefährliche Wölfe und Keiler zähmen.

Doch, anders als sonst, konnte sie sich diesmal nicht daran erfreuen, zu heftig waren die trüben und Gedanken. Sie machte sich Vorwürfe und musste wieder an den jungen Jäger Aktaion denken und an ihre kurze Begegnung, die ihm den Tod gebracht hatte.

Er hatte sie nackt gesehen, als sie in ihrer Grotte im Wald badete, und es war ein Gesetz der Götter, jeden Sterblichen, der eine jungfräuliche Göttin unbekleidet sah, egal wie lange, mit dem Tod zu bestrafen. „Ich hätte ihn ja sofort töten können und nicht erst in einen Hirsch verwandeln müssen", dachte sie, „ich hätte ja wissen müssen, was passiert. Wollte ich ihm vielleicht eine Chance geben?"

Wieder sah sie das Bild vor sich, wie sich die Jagdhunde geifernd und gierig auf ihren eigenen Herrn stürzten. Aus Aktaions Füßen waren gespaltene Hufe geworden und aus der Mitte seiner Stirn war ein mächtiges Geweih gewachsen, doch so sehr er beides auch als Waffe einsetzte, letztendlich hatte er doch den Kampf verloren. Aktaions eigene Hunde hatten ihn zerfleischt, es lag schließlich in der Natur von Jagdhunden, Wild zu hetzen und zu reißen, das wusste sie wohl.

Noch immer dröhnte das Knacken und Brechen der Knochen in ihren Ohren und sie bekam das Bild der vor Entsetzen und Verzweiflung geweiteten großen, dunklen Hirschaugen nicht mehr aus dem Kopf.

Sie schauderte.

Weitab im Dunkel des Waldes hörte sie ihre eigenen Hunde jaulen, die wahrscheinlich ein Wild gerissen hatten. Sie blickte auf und sah am Himmel eine Schar schwarzer Vögel kreisen, die offensichtlich nur darauf warteten, die Leiche des Tieres zu zerpflücken.

Als Artemis resigniert die Schultern hochzog, rutschte ihr Manteltuch herunter. Sie zog es wieder zurecht, froh, dass sie den Umhang übergezogen hatte, denn die Luft war noch kühl, und sie trug darunter nur ein Gewand aus dünnem Stoff. Sie strich sich über ihr welliges, dunkelblondes Haar, das sie in der Mitte gescheitelt und im Nacken zu einem Knoten zusammengefasst hatte. Es war noch feucht vom Morgentau. Sie nahm ihr mondförmiges Diadem ab und drehte es wie ein Spielzeug in ihren Händen. Dann steckte sie es in ihren Jagdbeutel. Gold und Diamanten konnten ihre Stimmung jetzt nicht aufhellen. Der Schmerz darüber, dass sie diesen schönen, jungen Mann dem Tod geweiht hatte, nagte noch immer an ihr. Der Tod von Tieren oder Pflanzen machte ihr nichts aus, warum gerade der dieses jungen Burschen, an dem sie doch selbst schuld war?

Ihre Gedanken drehten sich im Kreis.

Niemals würde sie den Moment vergessen, als sich ihre Blicke getroffen hatten. Aktaion war erstarrt, als er bemerkte, dass man ihn entdeckt hatte. Wahrscheinlich war er sich just in diesem Moment darüber klar geworden, welche Strafe ihn erwarten würde. Artemis fragte sich noch jetzt, ob er sich wirklich seiner Schuld bewusst geworden war oder ob sie es selbst war, die ihn den Atem hatte anhalten lassen. Sie wusste, dass sie schön war, makellos, weich und weiblich. Ob er sie wohl schön gefunden, sie gar begehrt hatte? Auf diese Frage würde sie nie eine Antwort bekommen.

Das erste, was sie wahrgenommen hatte, nachdem sie sich aus ihrer eigenen Erstarrung gelöst hatte, war sein Äußeres. Sie erinnerte sie sich an die schlanke, kräftige Statur des jungen Mannes und an seine nackten Arme unter dem ärmellosen Umhang und stellte sich das Spiel seiner Muskeln vor, wenn er den Bogen spannte. Sie erinnerte sich auch an die dunkle Locke, die unter seiner Kappe hervorgerutscht und ihm in die Stirn gefallen war. Ganz besonders aber erinnerte sie sich an seine Augen. Große dunkelbraune Augen waren es gewesen, mit so dichten schwarzen Wimpern, dass jede Frau darauf hätte neidisch werden können. Diese Augen würde sie niemals vergessen. Nur einen gefühlten Wimpernschlag lang hatten sich ihre Blicke getroffen, als sie nach dem ersten Erschrecken seinen Blick erwidert hatte. Aber dieser Moment hatte genügt, in ihr ein Gefühl hervorzurufen, das ihr bislang unbekannt war, und das sie nicht einordnen konnte. Es war etwas, das sie wohlig schaudern ließ und bis hinab in ihre Zehenspitzen rann.

Wieder stellte sie sich vor, wie seine Augen über ihren unbekleideten Körper gewandert waren, und bei diesem Gedanken durchfuhr sie der gleiche leichte, wohlige Schauder wie sie ihn damals verspürt hatte.

Sie rieb über ihre Stirn, um die Gedanken, die ihr gerade davon fliegen wollten, wieder einzufangen und zurechtzurücken. „Ja, es war richtig, den jungen Jäger zu töten", sagte sie sich zum wiederholten Male. „Wer weiß, wie lange er mich wohl schon betrachtet hat bevor ich es gemerkt habe?" Sie hatten kein einziges Wort zusammen gesprochen, aber sie wusste, dass ihr keine andere Wahl geblieben war als ihn in den Tod zu schicken. Er war ein Sterblicher und sie eine jungfräuliche Göttin. Und er hatte sie unbekleidet gesehen. Sie musste dem Gesetz der Götter gehorchen.

Von weitem wehte eine leise Melodie zu ihr herüber. Sie wusste, es war Apollon. Niemand sonst konnte die Saiten der Kithara so wundervoll spielen, dass es fast zärtlich klang. Artemis nahm es als Zeichen, dass ihr Bruder gerade an sie dachte, wie das bei Zwillingen häufig vorkam; da wusste der eine, was der andere gerade dachte oder sagen wollte, noch bevor er es ausgesprochen hatte. Sie erinnerte sich, dass Apollon ihr einmal nach einem kurzen Ausflug auf den Planet der Sterblichen erzählt hatte, dass bei diesen Männer und Frauen gemeinsam in heißen Dampfbädern saßen, ohne jegliche Verhüllung, egal ob die Frauen Jungfrauen waren oder nicht. Ein jeder konnte die unbekleideten Körper der anderen ansehen, ohne dafür bestraft zu werden.

„Vielleicht haben die Menschen es da leichter", dachte sie ein wenig neidisch, „aber wir sind eben Götter. Wir gleiten durch eine andere, eine eigene Zeit, von der die Sterblichen nichts wissen. Für uns gelten andere Regeln."

Plötzlich fuhr ein heller Blitz in die hohe, immergrüne Zeder am Saum des Waldes, und ein starker Wind ließ ihr Manteltuch flattern. Es war ihr, als ob Zeus, ihr Vater, direkt neben ihr stand. Deutlich spürte sie seine Anwesenheit, auch wenn er sich unsichtbar gemacht hatte.

„Zeig dich, Vater!" sagte sie laut und er tat es wirklich. „Ach Kind", sagte er nur und sah sie zärtlich an. Immer wieder schaffte Artemis es, seine weiche Seite in ihm hervorzulocken. Das war wohl ein Vermächtnis ihrer Mutter Leto. Wie hatte er diese Frau geliebt! Und wie schwer hatte Hera ihr die Geburt der Zwillinge gemacht! Doch daran wollte er jetzt nicht denken.

„Ich weiß, wo deine Gedanken sind, meine schöne Tochter", sagte er und sah sie liebevoll an. „Aber glaub mir, du hast richtig gehandelt. In deinem Leben wird es niemals einen Mann geben. Es ist dein Schicksal, es ist dir vorbestimmt. Du sollst frei sein und frei bleiben. Deshalb wirst du nie erfahren, wie es ist, wenn ein Mann sich dir nähert." Er machte eine kurze Pause, dann fuhr er fort: „Dieser Sterbliche hätte dir sehr gefährlich werden können."

Artemis seufzte. „Ich weiß, dass ich keine andere Wahl hatte, Vater. Trotzdem tut es mir leid, was ich getan habe." Dass sie den jungen Jäger mit den großen, dunklen Augen gern näher kennengelernt hätte, behielt sie für sich. Ihr Vater brauchte ja nicht alles zu wissen.

„Es war ja nur ein kurzer Augen-Blick", wiederholte sie, doch Zeus war bereits verschwunden. Er war so gegangen wie er gekommen war, unsichtbar wie die Luft, die kühl um sie herum wehte.

Sie bückte sich und hob den auffälligen schwarzbraunen Hirschkäfer auf, der über ihre nackten Füße krabbelte und der sich mit seinem Geweih in ihren geschnürten Sandalen verfangen hatte. Ihr war kalt. Sie würde den Nymphen befehlen, Feuer zu machen, und das Badewasser anzuwärmen.

Lusamgärtchen Hansi Sondermann

Der „klassische" Auftakt meines Besuches in Würzburg: Eine Häcker-Brotzeit im „Bürgerspital" mit einem Glas „Würzburger Stein". Das am Morgen schon. Aber hallo!

Danach sofort in die Residenz; für mich das bedeutendste Bauwerk des deutschen Hochbarock. Im Martin Wagner Museum dort eine Stunde vor Tiepolos „Mucius Scaevola vor König Porsenna" und „Coriolan vor den Mauern Roms." Bin jedes Mal fasziniert von den für Tiepolo typischen Farbtönen.

Bevor ich danach zum Marktplatz ins Café Michel gehe, um mit Pater Benno eine Schokolade zu trinken, erst mal ins *„Lusamgärtchen."* Immer wenn ich in Würzburg bin, muss ich in diesen kleinen versteckten Innenhof; darin der Rest eines spätromanischen Kreuzgangs und das Grabmal Walthers von der Vogelweide.

Der Dichter soll verfügt haben, dass an seinem Grab täglich Vögel zu füttern und zu tränken sind; weshalb an den vier Ecken des Gedenksteins kreisrunde Näpfe für Körner und Wasser eingehauen sind. Und schon ist eine Amsel dabei, daraus ihren Durst zu löschen.

Dieses Gärtchen, abgeschirmt vom Kreischen der Straßenbahn und vom Sprachlärm der Menschen, nur leise durchzwitschert vom Gesang weniger Vögel, ist eine Insel der Ruhe und Stille; eine Einladung zur Kontemplation, zum echten Zu-Sich-Kommen. Weshalb das Gärtchen auch nur selten besucht wird.

Umso überraschter und erfreuter bin ich vom Anblick der jungen Frau, die auf der Bank mir gegenüber sitzt, mit einem Baby im Kinderwagen. Sie hat ein dunkelblaues Tuch um die Schultern geschlungen, ein weinroter Strickrock reicht bis zu ihren Füßen. Ihr Gesicht deutet Südeuropäisches an. Sie ist, sanft lächelnd, voll und ganz ihrem Kind zugewandt, mit dem sie zärtlich leise spricht. Ich sehe und höre ihr zu; mit aufwallender Sympathie.

Nach einer Weile streift sie das Tuch zur Seite, öffnet ihre weiße Hemdbluse und nimmt ihr Baby an die Brust. In blanker Natürlichkeit. Ohne jede Scheu.

Eine biblische Szene. „Maria lactans". Wie von Dürer, Cranach, Peter Paul Rubens gemalt. Denke ich in diesem Augenblick.

Ich blicke auf meine Uhr. Was ist das? Der Zeiger steht. Um uns totale Stille. Alles Bewegte und Laute der Stadt ruhig gestellt. Die Zeit wie aufgehoben. Auch die junge Mutter scheint es so zu empfinden. Unsere Blicke begegnen sich. In ihren Augen: Tiefe Freude. Helles Glück. Sie lächelt. Ich nehme teil an ihrer Freude, ihrem Glück. Und ich zeige es ihr.

Ein Blick auf meine Armbanduhr. Äh, muss das sein! Aus dem Zeitlosen ins Jetzt zurückkatapultiert.

Die Frau hat sich wieder bedeckt, sie legt ihr Baby sanft in den Korb zurück. Ich gehe zu ihr hinüber. Blicke in das Körbchen. Das Kind sieht mich an. Mit diesem babytypischen Silberblick! „Um menino", sagt die Frau. Der Knabe lächelt, als würde er mich kennen, wiedererkennen. In seinen Augen – sie lassen mich schwärmen –: Reine Lebensfreude. Die allumfassende Liebe seiner Mutter.

Würde mich jemand fragen: Bist du betrunken? Würde ich sagen: Ich bin total besoffen vor Glück.

„Der du im Leben eine Weide für die Vögel warst, der Sprache Blüte, der Weisheit Mund..." Benno setzt die Tasse ab und unterbricht mich lächelnd: „Du warst wieder im Lusam." „Wieso?" „Du hast diesen Blick!" „Du schielst, Augustiner!" „Nein! Irgendwas war doch!" „Ja, da war was, etwas Wunderbares, Benno!"

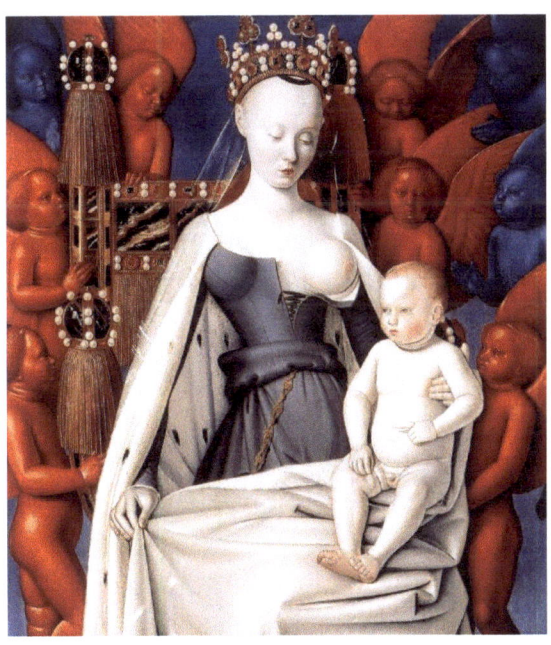

Bild: Wikipedia; Jean Fouquet – Jungfrau und Kind

Leas Entdeckung Paul Borck

Lea war aufgeregt. Sie wälzte sich im Bett immer von einer Seite auf die andere und konnte nicht einschlafen. Es war ein bisschen, weil sie morgen eingeschult werden würde. Vor allem aber, weil ihre Mama vorhin etwas Komisches gesagt hatte. Am Nachmittag nach der Schule hatte sie Leas Bruder Johann gefragt, ob er ein Auge auf Sina geworfen hätte. „Was soll das denn bedeuten?", hatte Lea gerade fragen wollen, doch dann hatte sie sich zurückgehalten. Sie war jetzt schon fast ein Schulkind, da musste sie nicht mehr nach allem fragen, sonst würde sie vielleicht wieder zurück in den Kindergarten geschickt. Nein, die Antwort würde sie ganz alleine herausfinden! Sie müsste nur lang genug darüber nachdenken.

IGITT!!! Wer machte denn sowas? Das ist doch voll eklig! Sein Auge konnte Johann doch gar nicht geworfen haben, schließlich hatte er vorhin noch beide gehabt, darauf hatte Lea extra geachtet. Wessen Auge hatte Johann denn dann überhaupt geworfen? Er hätte gestern von dem Fisch, den Papa gemacht hatte, ein Auge nehmen können. Das wäre zwar auch sehr eklig, aber immerhin nicht sein eigenes Auge. Das musste sie überprüfen. Wenn Johann das Fischauge auf Sina geworfen hatte, dann müsste sie ja im Müll den Fisch ohne Augen finden. Sie ging also in die Küche und inspizierte den Müll.

„Was machst du denn am Müll Lea?", sie war von Mama erwischt worden. Der konnte man nichts vormachen, also sagte sie lieber gleich die ganze Wahrheit: „Na ich muss doch gucken, ob der Fisch ein Auge weniger hat, weil Johann das auf Sina geworfen hat." „Aber warum sollte Johann ein Fischauge auf Sina werfen?", fragte Mama. „Hast du das nicht vorhin gesagt?", jetzt war Lea verwirrt. Da lachte Mama auf einmal schallend los: „Ja, aber das war doch ganz anders gemeint. Ein Auge auf jemanden werfen ist etwas ganz anderes. Wenn man nämlich – " „Nein!", unterbrach Lea sie, „Erklär mir das nicht, ich bin jetzt groß und finde das alleine raus!"

Wirklich zufrieden war Lea mit dem Ergebnis ihrer Suche nicht. Es schien aber so, als wäre Augenwerfen ganz normal und sie musste es in der Schule wohl oder übel über sich ergehen lassen. Vielleicht war es ja wie Rosenkohl, dachte Lea, der ist total eklig, aber alle Großen tun immer so, als wäre er lecker.

Am nächsten Tag wurde Lea endlich eingeschult, lange hatte sie sich darauf gefreut. Sie hatte schon ein bisschen lesen und rechnen gelernt, aber es war toll, das jetzt richtig mit anderen zusammen zu machen. Dabei hatte sie besonders viel Spaß, weil sie alles Neue zusammen mit Jonas entdeckte. Sie kannte ihn schon aus dem Kindergarten, aber jetzt saßen sie nebeneinander und arbeiteten immer zusammen, wenn sie es durften. Manchmal, wenn sie doch mal keine Lust hatte, zur Schule zu gehen, musste sie nur kurz an Jonas denken und schon konnte sie gar nicht mehr darauf warten, endlich durch die große Tür in das Klassenzimmer zu kommen und sich neben ihn zu setzen.

Kurz vor den Herbstferien geschah es dann: In der ersten großen Pause wurde Lea von etwas Hartem am Schienbein getroffen. Sie war verwirrt und brauchte etwas Zeit, bis sie wusste, was passiert war. Jonas hatte beim Murmelspielen eine Murmel so stark geschnipst, dass sie Lea mit vollem Schwung am Schienbein getroffen hatte. Als sie die Murmel aufhob und genauer betrachtete, musste sie lächeln: Die kleine Glaskugel hatte einen bunten Streifen im Inneren, mit dem sie fast wie ein Auge aussah. Sie war sich sicher, Jonas hatte ein Auge auf sie geworfen. Ihr wurde warm in der Brust und voller Freude warf Lea es zurück auf ihn.

Bild: Brigitte Rosetz

Die Sprache, die alle verstehen   Mareile Steinsiek

Stimmengewirr im Probenraum.

„Welches Stück spielen wir zuerst, erst Flashpoint oder Chicken?" - „Chicken!"

„Wie ist überhaupt die Reihenfolge?"

„Haben wir Zugaben?"

„Wo bleibt Nathan?" - „Er kommt bestimmt wieder später!" - „Meinte er nicht, er kann heute nicht?"

„Ich dachte, wir sollen schwarz-schwarz kommen…hat wer ein Oberteil für mich? Ich hab nur ne weiße Bluse."

Zu viele Fragen, zu wenig Antworten. Hinzu kommen lautstarke Aufwärmübungen für den Mund, manche versuchen, sich trommelnder Weise zu entspannen. Die Geräuschkulisse ist wirklich einzigartig! In der Luft schwebt ein Hauch von Adrenalin, Anspannung und Deo-Geruch. Für mich ist die Konzertsituation nichts Neues und doch spüre auch ich ein kleines Kribbeln im Bauch, wenn ich an das erste Stück denke. Ein gellender Pfiff begräbt den Lärm. „Habt ihr schon die Instrumente gestimmt?", fragt Uwe, unser Bandleader, dessen Lachfalten nach unserem Kopfschütteln besonders hervortreten. „Dann stellt Euch mal in den Sätzen zusammen, Saxophone, bitte klingend B-Dur…"

Lilly und ich schauen uns nach dem Stimmen an. „Bist du schon aufgeregt?", fragt Lilly, „Du hast doch gleich beim ersten Stück ein Solo. Schon doof, dass Gregor so kurzfristig abgesprungen ist." „Ein bisschen nervös bin ich schon", antworte ich knapp, „das wird schon irgendwie. Ich habe nur Bammel, dass ich mich zu oft vergreife. Gregor fehlt wirklich, das ist doch SEIN Glanz-Stück..." Ich schaue ein letztes Mal auf die Noten. Das erste Stück ist „The Chicken" von Pee Wee Ellis, einem funkigen Saxophonisten, der die Akkordwechsel und ungewöhnliche Tonarten liebt... Mal gucken, ob ich die auch hinbekomme. Fis-Dur ist nicht die angenehmste Tonart, um ein Solo zu spielen.

Die letzten Vorbereitungen sind erledigt und nachdem wir unsere Instrumente gepackt und Noten sortiert haben, ruft Lilly „Energiekreis!" und wir versammeln uns in der Mitte des Raumes. „Leute, das wird heute ein toller Auftritt, wir haben sehr viel geübt und können die Stücke! Und wenn was nicht klappt, Schwamm drüber – Hauptsache, Ihr habt Spaß auf der Bühne und genießt es!" Mit unserem Bandnamen als Schlachtruf und Motivationsapplaus beendet Uwe seine kurze Rede und wir gehen auf die Bühne, begleitet von tosendem Applaus. Der Saal scheint ziemlich gefüllt zu sein. Zu wissen, dass gleich hunderte Augenpaare auf uns und bei meinem Solo auf mich gerichtet sein werden, lässt das Kribbeln in meinem Bauch stärker werden. Überhaupt ist es wegen der vielen Menschen und der Scheinwerfer unglaublich heiß. Auf meinen Händen breitet sich ein feiner Schweißfilm aus. Hoffentlich rutschen meine Finger gleich nicht von den Saxophonklappen ab! Ich atme tief durch.

Langsam breitet sich Ruhe in dem Zuschauerraum aus, es entwickelt sich eine elektrisierende Stille voller Erwartungen. Uwe steht zu uns gerichtet und schlägt mit dem rechten Zeigefinger auf seine linke Hand. Dieses Schauspiel verfolgen 52 Augen sehr genau, denn keiner von uns möchte zu langsam spielen. Leichtes Fußtippen des schnellen Tempos zeigt ihm an, dass wir bereit sind. Die Zuhörer sehen Uwe nur von hinten und werden einen strengen Dirigenten erwarten, denn seine Bewegungen sind meistens sehr abgehackt. Wir aber sehen seine schelmischen, moosgrünen Augen, die wie immer Sicherheit ausstrahlen. Nathan, der doch noch gekommen ist, sucht seinen Shaker und ist Grund dafür, dass Uwe einen kleinen Witz macht, nach dem nun bei allen die letzte Anspannung vergeht und wir uns ein lautes Lachen verkneifen müssen.

Jetzt ist Konzentration gefordert, doch kurz bevor Uwe einzählt, suchen seine Augen meine. Sie sagen mir: Auch, wenn du bei diesem Stück noch kein Solo gespielt hast, wirst du es trotzdem schaffen! Bleib' ruhig und sei du selbst! Uwe zählt ein und die Rhythmusgruppe beginnt. Weiterhin sind meine Augen auf Uwes Hände und Mimik gerichtet, um seine Hinweise auf Lautstärke, Dynamik und Tempoanweisungen nicht zu verpassen. Hin und wieder schaue ich ins Publikum, um die Gesichter der verschiedensten Personen zu lesen. Gefällt ihnen, was wir spielen? Das Stück haben wir in den letzten Wochen relativ häufig geprobt, deswegen reicht es aus, wenn ich nur hin und wieder auf die Noten schaue, den Rest kann ich auswendig. Langsam nähern wir uns der Stelle, an der Gregors Solo käme und ich merke, wie mein Puls steigt. Heute kann ich mich nicht zurücklehnen und den tonreichen Improvisationen unseres besten Saxophonisten lauschen. Meine Hände sind nun kalt geworden und zittern leicht. Keine guten Voraussetzungen für ein Solo. Uwe lächelt mich an, seine Augen zeigen eine Spur von Neugierde und fordern mich mit einem Blick nach links zum Mikrophon auf. Ich stehe auf, laufe zwischen den zahlreichen Trinkflaschen Slalom und fange an. Der erste Ton entscheidet – und er sitzt. Ohne nachzudenken, allein in der Menschenmenge umherschauend, improvisiere ich fröhlich vor mich hin. Meine Aufregung verfliegt mit jedem Ton, den ich in den Saal spiele. Dass dieses Solo so viel Spaß macht, hätte ich nicht erwartet. Zwischendurch drehe ich mich zur Band um und merke, wie jubelnde Blicke auf mir ruhen. Auch Uwe schaut mich an und dreht sich plötzlich zum Publikum um. Leicht verwirrt greife ich einen falschen Ton, umspiele ihn und lande wieder in der richtigen Tonart. Das macht Uwe doch nie! Zumindest nicht beim ersten Stück! Er spielt mit dem Publikum und animiert dieses, auf 2 und 4 mit zuklatschen. Angetrieben von Band und Publikum, das nun wieder die Augen auf mich richtet, spiele ich schneller, facettenreicher, bis mir beinahe die Luft ausgeht. Dankend sehe ich, wie Uwe endlich die letzte Wiederholung einzählt und ich meinen Finalton spielen kann. Mein Szenen-Applaus leitet mich zu meinem Platz, an dem ich erst jetzt merke, wie sehr meine Knie zittern. Geschafft. Erleichtert widme ich mich den letzten Takten des Stückes und sehe nur flüchtig, wie Uwe mir seinen erhobenen Daumen zeigt.

Hektors Augen

Wieder mal ein Abend bei Edzard. Stunden beim *Ihringer Winklerberg*" über Gott und die Welt diskutiert; uns bei diesem Thema gefragt, ob die auf den Hund gekommene Schöpfung Gottes für den Schöpfer eine gotttränenvolle Tragödie ist – oder ob er sich über den jammervollkomischen Zustand unserer Welt totlacht?

Die Antwort wird vom Telefon gekappt. „Ein Patient – Notfall – wird gleich hergefahren!" „Soll ich abhauen?" „Nein! Wird nicht lange dauern; wenn ich es nicht gleich packe, schnell weiter in die Klinik" „Und, was mache ich jetzt hier?" „Da liegt was zum Lesen. Guck Fernsehen, ich stelle den Apparat an. Oder spiel Klavier! Hektor hört dir sicher gern zu!" „Willst du mich etwa mit dem Kerl alleinlassen?" „Hektor ist friedlich, er tut dir nichts! Das weißt du!" „Das sagt ihr immer!" „Befiehl ihm, sich zu setzen oder hinzulegen, lenk ihn ab, spiel mit ihm, lass ihn am Gummireifen ziehen." „Gummireifen? Der Kerl reißt mich um!" „Ach was! Benimm dich normal, zeig keine Angst, tritt auch nicht besonders forsch auf." „Ich glaube, ich gehe doch besser!" „Blödsinn! Hast dich doch bisher gut mit Hektor verstanden." „Ja, aber da wart ihr immer dabei." „Komm! Später machen wir weiter. Trink erst mal aus! Ich bringe nachher ´ne weitere Flasche hoch!"

Na gut, ich will mich nicht blamieren; obwohl mir etwas mulmig ist. Denn kaum dass Edzard den Raum verlassen hat, hebt der mooreichenschwarze Labrador Retriever seinen Kopf und Oberkörper. Und schon zucke ich – trotz Edzards „er ist friedlich, tut dir nichts!" – kurz zurück; Ich versuche ruhig durchzuatmen, Hektor so gut wie ´s geht, zu ignorieren. Ich versuche es. Aber ich spüre: Er wird nicht lange damit einverstanden sein. Noch liegt er ruhig auf der Couch, hebt seinen Kopf, blickt offenbar gelangweilt auf den Teppich; selten mal zu mir.

Ich weiß, ich weiß – schon x-mal gehört: Der Labrador Retriever ist ein ausgesprochen gutmütiger und freundlicher Hund. Jegliche Art von Schärfe und Aggressivität gegenüber Menschen sind ihm fern. Er verhält sich seiner Umwelt gegenüber freundlich, aufgeschlossen, neugierig. Vor allem in der Gegenwart von Menschen fühlt er sich wohl, zeigt auch keine Scheu, Angst oder Unsicherheit, wenn diese ihm nahe kommen.

Jetzt blickt er auf den Bildschirm, nur halbinteressiert, wie es aussieht; was ich hinsichtlich des Programms sogar verstehe. Wobei ich mich frage: Sieht er dasselbe wie ich, oder nimmt er nur rasch flimmernde Einzelbilder wahr? Angeblich soll die Welt der Hunde bunt sein, nicht so farbenfroh wie die der Menschen, aber doch bunt! Sind die TV-Bilder für dich ähnlich farbig wie für mich, Hektor?

Als ich die Zeitung vom Tisch nehme und die Seiten umschlage, gleitet mein *Freund* langsam von der Couch, kommt ebenso langsam auf mich zu, reckt seinen breiten gedrungenen Schädel in die Höhe und sieht mich an. Ich betrachte

ihn ruhiger und genauer, um dadurch meine Scheu zu ver-
mindern, versuche dabei, in seinen großen Ebenholzaugen
zu erkennen, welche Absicht ihn zu mir treibt. Er reckt seine
Glieder, drückt sein Rückgrat durch, strafft seine Beine,
streckt die Hinterhand leicht rückwärts aus. Das leichte Vib-
rieren seiner Otterrute zeigt mir eindeutig, dass mein neuer
Freund mir etwas mitteilen will.

Sag: was du mir sagen willst? Sag mir, was du denkst, was
du über mich denkst, wenn du überhaupt etwas denkst?
Wieder blicke ich in seine schwarzbraunen Augen. Und ich
frage weiter: Wer bist du wirklich, Hektor? Was empfindest
du, wenn du mich ansiehst, wenn ich dich ansehe, wenn sich
unsere Blicke in unseren Augen spiegeln? Dasselbe wirst
du sicher auch mich fragen.

Dieser innere Dialog mit ihm lässt ein leichtes Vertrauen
in mir keimen. Und etwas in Hektors Blick, seinem typi-
schen Hundeblick, lässt mich gelassener werden. Vielleicht
ist es aber auch nur so was wie Selbsthypnose. Denn schnell
– Hektor gähnt... was für ein Fang! – wird das beginnende
Vertrauen vom Zweifel abgelöst, von der Angst vor dem
tierhaft Unberechenbaren. Wobei ich mich zugleich aber
auch frage: Ist Hektor unberechenbarer als der Mensch –
unverlässlicher als ich?

Hektor belässt es nicht beim bloßen ruhigen Blickkon-
takt. Ich spüre, dass er Berührung will. Oah! Ich habe die
Hundebefehle vergessen. Hektor nähert sich mir mit

langsamen Bewegungen, wobei er erneut gähnend das Gehege seiner Zähne und die dolchartigen Fänge zeigt. Zusammenzuckend spüre ich, dass er mit seiner Schnauze meine Knie, meine Oberschenkel berühren, sogar seinen Kopf auf meinen Schoß legen will, dass ich ihn berühren, streicheln, seinen Hals und Nacken kraulen soll; er riecht, dass ich ein Freund des Hauses bin. Aber meine Hundefurcht scheint er nicht zu riechen. Kaum, dass ich glaube, diese etwas abgeschüttelt zu haben, kommt sie in dem Moment umso stärker wieder, als Hektor seinen Kopf dicht vor mir hochhebt und mir seinen nicht gerade sympathischen Hundeatem entgegenhaucht. Hektor reibt seinen Kopf an meinem linken Oberschenkel. Wobei er mich immer wieder ansieht; was mich leicht lächeln lässt. Hektor mag es! Hektor mag mich. Wonach er, wie ich kurz bemerke, die Augen schließt und sich vermutlich Hundeträumerei hingibt.

Trotzdem, obwohl ich glaube, die Lage etwas im Griff zu haben: Wo bleibt Edzard? Wo bleibt Isolde? Ich will meine Gauloises rauchen. Die aber auf dem Tisch liegen. Hektor wird es nicht gefallen, wenn ich ihn aus seiner Traumruhe wecke. Schon öffnet er die Augen, hebt den breiten Labrador-Schädel und sieht mich an; seine Otterrute vibriert erheblich. Was erneut eine unmissverständliche Aufforderung bedeutet, dass ich seinen Hals und Nacken, ja, auch seinen breiten Rücken kraulen soll. Ich werde langsam ungeduldig!

In diesem Moment, Hektor springt auf, er hat es sicher gerochen, öffnet sich die Tür. Edzard und Isolde kommen lachend ins Zimmer, von ihrem Hundi sofort angesprungen begrüßt. „Wie war´s mit Hektor?" „Ich lebe noch!" „Na also. Und was hast du mit ihm, was habt ihr gemacht?" „Ich habe mit ihm geredet und ihn dabei gekrault!" „Und?" „Hektor war voll da!" „Hoffentlich hast du ihn nicht wie mich mit Ernst Bloch und Co überfordert?" „Ich habe ihn nach seinem seelischen Befinden befragt, und wie er über sein Herr- und Frauchen denkt." „Und?" „War was Intimes, werde ich nicht verraten, wie Hektor es gefordert hat." „Na komm, sag schon!" „Er hat gesehen, wie ihr es nackt auf dem Teppich getrieben habt; was ihn ganz verlegen gemacht hat." „Siehst du! Wie du erlebt hast: Hektor ist nicht nur ein liebenswerter, spielfreudiger Partner des Menschen. Er ist auch ein aufmerksamer Beobachter menschlichen Tuns!" „Ich höre dir verständnisvoll zu, aber: wo ist der ‚Winklerberg´?"

Isolde hat bereits die Gläser vollgegossen.

Das Mädchen mit dem Buch   Ruth Finckh

Sonntag, 7. April 2019

Ob ich heute wieder hingehen soll? Es ist Sonntag, da ist die Ausstellung bestimmt ziemlich voll. Aber was soll's? Auf eine ältliche Kunsthistorikerin, die still auf der Bank in Saal IV sitzt, wird sowieso keiner achten. Ich könnte einfach ein Stündchen da verbringen, in IHRER Gesellschaft, und sehen, was diesmal passiert. Das Tagebuch hier nehm ich mit.

So, da bin ich. Wieder auf der abgewetzten gelben Sitzbank gegenüber dem Gemälde. Draußen braut sich ein Gewitter zusammen; der Wind reißt junge Blätter von den Zweigen und wirbelt sie am Fenster vorbei; zwischendurch immer wieder seltsame schräge Sonnenstrahlen zwischen den Wolken, wie Bühnenscheinwerfer. Eine aufregende Szenerie. Aber hier drin ist alles wie immer. SIE schaut links an mir vorbei. Vielleicht hab ich mir das seltsame Zeug in den letzten Wochen bloß eingebildet? Womöglich gibt es eine natürliche Erklärung und ich mach mich einfach lächerlich?

Jetzt mal ganz langsam. Am besten beschreibe ich das Bild in Ruhe, genau so, wie ich es meinen Erstsemester-Studenten beibringe.

Also: Gemälde von Johann Heinrich Tischbein d. Ä., um 1780, Öl auf Leinwand, ungefähr 60 x 50 cm, im Goldrahmen. Vor einem dunklen Hintergrund ist ein Mädchen (Identität unbekannt) in einem hellgrünen Rüschenkleid zu sehen, das auf einem Sofa sitzt und ein Buch in der Hand hält. Das Alter des Mädchens beträgt etwa sechzehn Jahre. Die dunklen Haare sind hochgesteckt, das Gesicht ist noch kindlich gerundet, drückt aber Ernst und Konzentration aus. Der Blick ist nachdenklich nach links über den Rand des Buches erhoben.

Soviel dazu. Hilft mir das weiter? Erklärt es, warum ich jetzt schon zum dritten Mal vor diesem Gemälde sitze wie verhext? Nein. Ja, doch, irgendwie schon. Der Punkt ist natürlich der Blick. Beim ersten Mal schaute sie links an mir vorbei, genau wie jetzt, genau wie im Katalog angegeben. Ich war damals fasziniert von dem Bild, ohne wirklich zu wissen, warum. Aber als ich gerade gehen wollte und einen letzten Blick zurückwarf, hatte ich für einen Moment das Gefühl, dass SIE mir hinterhersah. Das konnte nicht sein, das wusste ich ja. Porträts, die dem Betrachter frontal in die Augen schauen, scheinen ihm oft mit dem Blick zu folgen, das ist bekannt, aber ein gemaltes Gesicht, das zur Seite sieht, kann sich nicht plötzlich nach vorne wenden. Als ich die Sache genauer untersuchen wollte, war der Effekt auch gleich wieder weg.

Trotzdem bin ich letzte Woche mit einem komischen Herzklopfen hierher zurückgekehrt. Und tatsächlich: Irgendwas war schon wieder anders, das hab ich sofort gespürt. Diesmal schaute SIE rechts an mir vorbei statt links. Der Atem stockte mir, und dieses hohle Alarmgefühl in meinem Inneren, das dabei einsetzte, ist noch immer nicht weggegangen. Irgendwas stimmt nicht – entweder mit mir oder mit dem Bild oder beiden. Der seltsame Augen-Effekt verschwindet jedes Mal, wenn ich jemanden darauf aufmerksam machen will. Vielleicht existiert er gar nicht? Aber wie komme ich dann dazu, ihn mir einzubilden? Außerdem bin ich wie besessen von diesem Bild. Letzte Nacht hab ich sogar von ihm geträumt. Das Mädchen bewegte sich, blickte auf, sah mir direkt in die Augen – ihre waren dunkelbraun und sehr schön – und sagte seltsame Dinge zu mir. „Bleib bei mir!" oder so ähnlich. Ich wachte auf und fühlte mich wie frisch verliebt. Und gleichzeitig ängstlich.

Da hab ich Christoph den Katalog mit dem Bild gezeigt. Er meinte, das Mädchen sähe fast so aus wie ich als Kind. Man würde manchmal Aspekte des eigenen Selbst, die zu kurz kämen oder verlorengegangen seien, in Mustern der Außenwelt wiederfinden. Na ja. Solche Schnellschuss-Analysen kenn ich von Christoph. Ein Therapeuten-Bruder ist kein reines Vergnügen, und manchmal verzapft er auch dummes Zeug. Außerdem war ich schließlich als Teenager blond und nicht dunkelhaarig. Trotzdem hab ich angefangen, nach alten Bildern zu suchen. Als wir noch Kinder waren, haben unsere Eltern ja selten Fotos gemacht, aber von der Abifeier gibt es ein paar. Ich hab sie neben den Katalog gelegt. Christoph hat recht. Aber was soll das alles?

Mittwoch, 10. April 2019

Ich sitze zu Hause auf dem Balkon – das Wetter ist unbeständig und ich muss jeden Sonnenstrahl ausnutzen. Gelbliche Wolken fliegen über den Morgenhimmel.

Seit einer halben Stunde denke ich schon wieder über das Bild nach. Oder besser: über mich und das Mädchen mit dem Buch. Vielleicht sollte ich aufhören, an dem Augen-Phänomen und meinem Geisteszustand herumzugrübeln und stattdessen meine Fragen aus einer ganz anderen Richtung stellen. Etwa so: Warum schaut sie eigentlich von mir weg? Hat sie Angst? Schämt sie sich? Fühlt sie sich beobachtet und möchte am liebsten ausweichen? Oder ist vielmehr die Bewegung ihres Blickes nur der Vorbote eines Erwachens? Ein zaghaftes Lebendigwerden, noch scheu und unsicher, auf der Suche nach Kontakt? Beides ist möglich – vielleicht stimmt ja auch beides zugleich. Die Frage ist nur: Wie soll ich mich verhalten, damit ich sie weder verschrecke noch bei ihrer Suche im Stich lasse? Und wie soll ich selber diese Ungewissheit aushalten?

Ich muss wohl nochmal mit Christoph sprechen.

12. April 2019

Wieder auf der gelben Bank vor dem Gemälde. Christoph hat mich auf eine großartige Idee gebracht. Manchmal sind Brüder doch zu was gut. Ich bin so nahe wie möglich an das Bild herangegangen – die Aufsicht schaute schon ziemlich kritisch zu mir rüber – während das Mädchen gleichmütig (oder scheinbar gleichmütig?) über mich hinwegsah. Ihr Blick war heute eher nach oben gerichtet als nach links oder rechts.

Aber ich interessiere mich diesmal nur für das Buch in ihrer Hand. Im ersten Moment konnte ich unter dem gelblichen Firnis nichts erkennen. Doch dann habe ich die Buchstaben auf dem leicht angehobenen Buchdeckel gesehen. Auch die aufgeschlagenen Seiten scheinen hauchfein beschriftet zu sein. Vielleicht sind es aber auch nur angedeutete Kritzel, das kann man mit bloßem Auge nicht erkennen. Jedenfalls: Klopstock! Es ist ein Band Gedichte. Anscheinend immer noch in Mode, als das Bild gemalt wurde. Ich muss an Werther denken, wie er mit Lotte am Fenster steht. Ein Gewitter zieht draußen ab, ihr fällt die „Frühlingsfeier" ein, sie haucht „Klopstock". Und sieht dem Jungen in die Augen.

Morgen geh ich wieder hin, mit einer Lupe und einem Gedichtband im Gepäck. Mal sehen, ob ich was entdecken kann. Wenn ich herausfinde, was das Mädchen liest, wird das eine Brücke zwischen uns bauen. Wir werden uns verstehen, ohne dass sie sich bedroht fühlen muss. Und dann wird sie aufschauen und mich ansehen. Das weiß ich ganz genau!

13. April

Da bin ich. Gleich gehts los. Ich muss einen Moment warten, bis die Aufsicht ihre unerlaubte Zigarettenpause macht. Das passiert ungefähr einmal in der Stunde, das hab ich beobachtet. Dann kann ich mit der Lupe direkt an das Bild ran.

Inzwischen lese ich eben Klopstock. Ein abgegriffenes Reclam-Bändchen, aus dem Deutsch-Leistungskurs. Der

Zürchersee hat mir damals ganz gut gefallen, das weiß ich noch. Und natürlich die Frühlingsfeier – die passte zu meinem pubertären Überschwang, dieser ungezielten Sehnsucht nach Sinn und Schönheit und Natur. Ach ja. Mit den Jahren hat sich das wohl abgeschliffen, fürchte ich...

Ob das Mädchen wohl gerade diesen Text aufgeschlagen hat? Das wär schön.

Jetzt! Die Aufsicht zieht ab!

Ein paar Worte hab ich gefunden, bevor die Wache wiederkam – eine Zeile auf der Mitte der Seite, wo das gemalte Licht am hellsten hinfiel: „Ich fühlt es wohl, und wußt es nicht."

Die Frühlingsfeier ist das auf keinen Fall. Aber zu Hause schau ich die Gedichte durch, und morgen komm ich wieder her.

14.4.

Auf der gelben Bank. Das Mädchen schaut wieder nach links, ernst und versonnen wie immer.

Ich hab die Klopstock-Stelle gefunden. Jetzt werde ich ihr die Strophe vorlesen, die sie vor Augen hat, und dann wird irgendetwas passieren. Das Gedicht heißt „Das Rosenband":

Ich sah sie an; mein Leben hing Mit diesem Blick an ihrem Leben:

Ich fühlt' es wohl, und wußt' es nicht.

Ich habe Angst, zu dem Gemälde hochzuschauen. Einen Moment noch ... Jetzt!

Nein, sie hat mich nicht angesehen. Aber ein anderes Wunder ist geschehen. Ihr Blick ist nicht mehr ins Leere gerichtet, sondern hat sich auf die Buchseiten gesenkt. Sie liest dieselben Zeilen, die ich eben vorgetragen habe. Und auf ihren Lippen liegt dabei ein leises Lächeln. Sie weiß es jetzt, glaube ich. Sie braucht sich nicht ungeschützt zu zeigen, und doch sind wir beide nicht mehr allein.

Iris-Dialoge   Martina Scheible

Sonnentrunkenes Meeresfernenblau
Geheimnisverheißendes Irrgarten-Braungrün
Tränenfunkelndes Baumborken-Braun
Sinnenbetörendes Veilchen-Violettblau
Lachperlendes Himmelsflaschenscherben-Türkis
Hoheitsvoll träumendes Vergissmeinnicht-Graublau
Gefährlich schillerndes Reptilien-Dunkelgrün
Nachtschimmerndes Samtpfotenschwarz

„Einen Augenblick bitte Herr Ober!" Wilfried Seitz

Onkel August war schuld, dass er Kellner wurde, er hatte es bis zuletzt nicht bereut. Stundenlang konnte der kleine Alfred Röder seinem Onkel zuhören und ihn ausfragen. Es machte ihm nichts aus, wenn Onkel August immer wieder von seinen Lebensthemen Krieg und Hotel Kaiserhof total abschweifte.

Nachdem am 1. August 1914 um 17 Uhr die General-mobilmachung in Deutschland verkündet wurde, bekam Onkel August umgehend den Einberufungsbefehl. Am 8. August Abmarsch vom Bahnhof Göttingen nach Belgien. Die ganze Familie und die ganze Stadt taumelte in Siegesge-wissheit und Kaiserstolz. Zum Abschied schenkte Onkel August seinem vierjährigen Neffen Alfred eine kleine Pickelhaube. Alfred war so stolz auf sie, dass er sogar im Bett damit einschlief. Zum Abschied drängten sich alle auf dem Bahnsteig und umarmten sich. Auf dem Nachbargleis wurden - für die Rüstung beschlagnahmte - Schienen verladen. Alle hatten sich in der Stadt auf die neue Straßenbahn gefreut, aber der Sieg über den *Erbfeind* im Westen war wichtiger.

Während seiner kurzen Heimaturlaube hatte Onkel August nur wenig Zeit für den kleinen Alfred. Dezember 1919 kam Onkel August zurück. Von der rechten Augen-braue bis hinter dem Kopf hatte er eine schreckliche Narbe. Eine Metallplatte hätten sie ihm eingesetzt, erzählten sie

93

daheim. Onkel August war von nun an arbeitslos und hatte viel Zeit für den heranwachsenden Alfred.

Vor dem Krieg war Onkel August *chef de rang*, das heißt Service-Stationschef im mondänen Hotel *Kaiserhof* in Berlin. Es war seine vierte Karrierestufe als Kellner in einem feinen Restaurant.

Alfred konnte nicht genug kriegen von den Erzählungen aus dem Hotelleben. Jeder, der eine Lehre als Koch oder Kellner beginnen wollte, musste vorher ein Jahr Hotelpage sein, und das nur mit Kost und sehr einfacher Logis. Trinkgelder sicherten das Auskommen. Gelegentlich kam es auch zu Handgreiflichkeiten mit den Hausdienern, die meist die fetten Brocken wegschnappten oder von den Pagen saftige Anteile vom Trinkgeld verlangten. Uniformen, Haarschnitt und Sauberkeit wurden noch stärker kontrolliert als beim Barras.

Bei den Kellnern und Köchen herrschte eine strenge, militärähnliche Rangordnung: *Apprenti, commis, demi chef, chef de rang, maître, directeur de restaurant.* Frauen oder Mädchen hatten da nichts zu suchen; in seltenen Fällen mal als *Salatmamsell*, hinter der hohlen Hand als *Schlitz-Commis* verhöhnt. Onkel August erzählte von den prachtvollen Empfängen und Diners, oft mit Mitgliedern der kaiserlichen Familie. Gerne schweifte er aus, wenn er von den großen Paraden erzählte und wie der Hand-verkrüppelte Kaiser Wilhelm II. am *Kaiserstein* zur großen Parade auf dem Tempelhofer Feld aufs Pferd stieg.

Jedenfalls reifte in Alfred Röder der feste Entschluss: Oberkellner in einem erstklassigen Hotel zu werden. Frühjahr 1925 hatte Alfred die Volksschule als fleißiger Schüler hinter sich gebracht. Sein Traum war das Hotel *Adlon* in Berlin, von dem Onkel August so viel erzählt hatte. Auf seine Bewerbung, auf teurem Papier verfasst, kam umgehend die Absage.

Der Traum von der großen weiten Welt und dem Umgang mit berühmten Menschen war erst mal ausgeträumt.

In Begleitung seiner Mutter stellte er sich kurze Zeit später im *Hotel zur Krone* in seiner Heimatstadt Göttingen als angehender Kellner-Lehrling vor. Die „Krone" galt damals als erstes Haus am Platz. Immerhin hatte der blinde König Georg V. von Hannover schon 1866 im *Hotel zur Krone* übernachtet, um dann mit seinem zwanzig-Tausend Mann starkem Heer in Langensalza gegen die Preußen anzutreten.

Alfred Röder war mit seiner Lehrstelle sehr zufrieden - sogar stolz -, auch wenn er oft hart herangenommen wurde. Stets tadellos gepflegt, trat er mit seiner bescheidenen Freundlichkeit Gästen und Mitarbeitern gegenüber. Hinter seiner höflichen Beflissenheit steckten aber auch Schalk und Gewitztheit.

Nach gutem Lehrabschluss im Herbst 1928 bekam er mit Hilfe von Onkel August schließlich eine Lehrstelle als Kellner-Commis im *Welfenhof,* dem zweiten namhaften Hotel-Restaurant in seiner Heimatstadt. Die massive Geldentwertung der Reichsmark seit Beginn des Ersten Weltkrieges führte in diesen Jahren zu einer Verarmung großer Teile der deutschen Mittelschicht. Die politischen Wirren in der Weimarer Republik, die Inflation 1923 und die Weltwirtschaftskrise zu Ende der zwanziger Jahre schürten dramatisch die Unzufriedenheit in der Bevölkerung. Es waren alles andere als „Goldene Zwanziger Jahre". In Berlin herrschte eine unsägliche Hungersnot.

Daher entschied Alfred Röder, die nächsten Jahre erst mal in seiner Heimatstadt zu bleiben. Der junge Kellner-Commis wurde weniger durch sein geringes Salär, als vielmehr durch seine guten Beziehungen und sein Organisationstalent für eine wichtige Stütze der Familie. Mit seiner Braut Martha Ehrhardt wollte er eine Familie gründen.

In Göttingen begann sich das Stadtbild zu verändern. Überall hingen Hakenkreuzfahnen und an den Litfaßsäulen häuften sich die Hetzplakate gegen die Juden. Immer häufiger marschierten dumpf-dämliche Trupps von Braun-hemden durch die Straßen, das *Horst-Wessel-Lied* dröhnend.

Immer mehr Professoren, oftmals honorige Stammgäste im *Welfenhof*, verschwanden. Kaum eine andere Universität und Studentenschaft einer Stadt in Deutschland war schon so früh von braunem, Menschen-verachtendem Gedankengut durchsetzt. Bücher wurden öffentlich am Albani-Kirchplatz vom grölenden braunen Mob verbrannt.

Dann musste Röder zum Reichsarbeitsdienst (RAD). Zur Eröffnung der Reichsautobahn Kassel-Göttingen erfolgt im

Juni 1937 ein Sondereinsatz seiner Truppe. Mit den 50 Pfennig pro Tag für die Schinderei beim RAD war an Hochzeit nicht zu denken. Fast übergangslos wurde er zum zweijährigen Wehrdienst einberufen.

Sein beruflicher Hintergrund prädestinierte ihn für Aufgaben im Offizierscasino. Kurz vor Ende seines Wehrdienstes marschierte die Wehrmacht am 1. September 1939 in Polen ein. Wie durch ein Wunder entkam Alfred Röder immer wieder Fronteinsätzen. Einen Gutteil seiner Kriegszeit verschlug es ihn nach Jugoslawien, seine gastronomischen Fach- und subtilen Menschenkenntnisse bescherten ihm Aufgaben in diversen Offizier-Casinos und Wehrmachtsbordellen. Er vermied es später, darüber zu sprechen.

Als Alfred Röder in seine Heimatstadt zurückkam, war alles anders. Ein letzter Fliegerangriff abends vor dem Einmarsch der Amerikaner am 8. April 1945 hatte den Bahnhof zerstört. Die gut fünfzigtausend Einwohner der Stadt wurden mit einem zunehmenden Schwall von mehr als dreißigtausend Flüchtlingen aus dem Osten konfrontiert; es fehlte an allem.

Aber es gab noch seinen alten renommierten *Welfenhof.* Vollgeparkt mit britischen und US-Militärjeeps wimmelte es im Inneren des Hauses von Uniformen. Alfred Röder war willkommen und wurde zugleich mit einer Fülle von Versorgungsaufgaben betraut, die Hoteldirektion erinnerte sich seines Organisationstalents.

Ganz allmählich beruhigte sich die Lage, der Schwarzhandel blühte, eine sichere Währung waren Zigaretten, Speck und Alkohol. Röder hatte wieder beste Kontakte, auch zu Bauern im nahe gelegenen Eichsfeld. Eine kleine, aber für die damaligen Verhältnisse erstaunliche Speisekarte entstand. Wenn auch das r*agout fin* etwas gestreckt werden musste, oder das Klärfleisch für die *consommé* fehlte, für das *Wiener Schnitzel* wurde tatsächlich Kalbfleisch aufgetrieben.

Die alte Universität nahm als eine der ersten in Deutschland wieder ihren Betrieb auf. Nicht selten sah man die ersten Studenten im Winter 45/46 mit abgewetzten Wehrmachtsmänteln in den unbeheizten Hörsälen sitzen. Die Zahl der neu immatrikulierten Studenten stieg stetig, nicht wenige davon gezeichnet von schrecklichen Kriegserlebnissen in ihren jungen Jahren. Röder kam in Kontakt mit einer Gruppe junger aufgeweckter Studenten, die hin und wieder sich im *Welfenhof* eine gepflegte Bierrunde gönnten. Einer von ihnen, der Chemie-und Physikstudent Manfred Euler, feierte mit seinem letzten, zusammengekratzten Geld seinen 30. Geburtstag im Ballsaal. Fortan kamen sie regelmäßig und freundeten sich mit Alfred Röder an. Die Hoteldirektion drückte das Auge zu, wenn Alfred seinen *Burschen*, wie er sie nannte, eine Rechnung für den Umtrunk präsentierte, die weniger an der Getränkekarte, als vielmehr an der Flaute in den Brieftaschen der Studenten orientiert war. Einmal war Manfred Eulers Finanzlage so prekär, dass er sogar an einen Abbruch seines Studiums dachte. Alfred Röder half ohne zu zögern mit einem Privatkredit aus.

Am 25. Januar 1952 gab's Ärger: Einige von Röders studentischen Stammgästen wollten mit anderen gegen die Aufführung des Films *Hanna Amon* von Veit Harlan - der für die Nazis auch den UFA-Spielfilm *Jud Süß* produzierte - demonstrieren und fanden Unterstützung von Professoren wie Werner Heisenberg und Carl Friedrich von Weizsäcker. Mit Rufen von einem braunen Pöbel, wie „an die Wand", „Aufhängen", „Judenlümmel", kam es zu Handgreiflichkeiten; Alfred Röder kamen dabei schreckliche Erinnerungen an Jugoslawien hoch.

Zwanzig Jahre später, Alfred Röder war seit vielen Jahren glücklich mit seiner Martha verheiratet und stolzer Vater zweier Söhne. Jetzt konnte er sich seinen großen Traum erfüllen: ein eigenes Auto. Es war ein gebrauchter Ford 12M P4, Baujahr 1963. Alfred Röder war mittlerweile im *Welfenhof als* Oberkellner zu einer „Institution" geworden, was an seiner bescheidenen Freundlichkeit nichts änderte. Seit zwei Jahren sah man den gut gepflegten 12M im ummauerten Parkhof des *Welfenhofs* stehen.

Am Tag vor der Trauerfeier für den berühmten Wissenschaftler Otto Hahn, am 8. Mai 1968, war der Bundespräsident Heinrich Lübke mit seiner energischen - neun Jahre älteren - Frau Wilhelmine angereist und logierte im *Königszimmer* des *Welfenhofs*. Das Hotel wimmelte von Sicherheitsleuten. Mit einem Aufzugsschlüssel, den nur die Direktion und Oberkellner Alfred benutzen durften, versuchte dieser auf der Zwischenetage zwischen Hotelempfang und erstem Stockwerk den Personenlift zu stoppen. Durch das Glas der Aufzugstür sah Alfred Röder ein Frauen- und ein Männerbeinpaar nach unten schweben. Sofort wusste er Bescheid! Die Tür ging auf. Erstaunt schauten die beiden Oberkellner Alfred Röder an. Mit dem linken Handrücken wischte der Bundespräsident sich den Mund ab. In der rechten hielt er einen silber-glänzenden Flachmann, den er sogleich verschwinden ließ.

Beide stiegen nickend aus, obwohl sie eigentlich vom Sicherheitspersonal eine halbe Etage tiefer erwartet wurden. Unschlüssig blickte das Bundespräsidentenpaar um sich. Dann wandte sich der Sauerländer Heinrich Lübke an Alfred Röder: „Einen Augenblick bitte Herr Ober!", um zugleich ganz nahe an ihn heran zu treten und dem erstaunten Maître Röder etwas ins Ohr zu tuscheln, der nickte, um desgleichen in das Bundespräsidenten-Ohr zu tuscheln.

Eine halbe Stunde später rollte Alfred Röders Ford 12M, zu ungewohnter Zeit, ungehindert durch das Parkhof-Tor. Im Hotel war der Teufel los. Heinrich und Wilhelmine Lübke waren spurlos verschwunden. Die Direktion war entsetzt, keiner vermisste in dem Chaos den Oberkellner. Sofort wurde das Bundeskanzleramt in Bonn informiert, Spitzen der Sicherheitsdienste wurden umgehend einberufen. Es herrschte Alarmzustand. Aber nichts drang aus dem *Welfenhof.* Drei Stunden später bog langsam Alfred Röders Ford 12M in den Park-Hof ein. Die Sicherheitsleute hatten Wichtigeres zu tun als den Oberkellner zu kontrollieren: Heinrich Lübke wollte einfach mal ungestört Verwandtschaft im sechs Kilometer entfernten Ortsteil Nikolausberg besuchen!

Anfang der siebziger Jahre, an einem unfreundlichen Novembertag, sollte im Anschluss an die jährliche Hauptversammlung der Akademie der Wissenschaften in der alten Aula ein Fest-Diner zu Ehren von Professor und Nobelpreisträger Manfred Euler, der seit Jahren nicht mehr in Göttingen lehrte, im Welfenhof stattfinden.

Im *Welfenhof* hatte mittlerweile die Direktion gewechselt. Um 19 Uhr sollten die Gäste eintreffen. Der große Saal war so festlich vorbereitet worden wie seit langem nicht mehr, da auch Landes- und Bundesspitzen der Gesellschaft erwartet wurden. Rechts und links vor dem Saaleingang standen die Servicekräfte Spalier. Am Ende vor der großen Flügeltür erwarteten Oberkellner Alfred Röder im Servicefrack und sein neuer Chef de rang Karl Huber die Gäste. Alfred Röders Ruhestand rückte näher, der Frack spannte schon ein wenig, sein schneeweißes Haar war wie immer sauber geschnitten und exakt mit Scheitel frisiert. In souveräner Haltung blickten sie den Gästen entgegen, die in einer Zweierreihe ankamen. An der Spitze Nobelpreisträger Professor Euler und der Präsident der Akademie. Die Direktion - in Person der herrischen Dorothea Gerhardt - hatte die Gäste schon vor dem Hoteleingang begrüßt.

Die Serviceleiter standen bereit, die Ehrengäste an ihren Platz zu führen. Es waren nur noch wenige Meter die sie vom Nobelpreisträger und Präsidenten trennten. Da war der Augenblick, ... da war der Blickkontakt! Fast gleichzeitig breiteten Professor Euler und Alfred Röder die Arme aus.

Der Nobelpreisträger: „Mensch Alfred Du Pinguin, Du bist ja immer noch im Dienst!", darauf Röder: „und Du Schlawiner räumst die Nobelpreise ab!". Dann fielen sie sich in die Arme.

Ohne die Zusammenhänge wirklich zu verstehen, begann die Gesellschaft zu klatschen.

Die Direktion schwankte zwischen ungläubigem Staunen und Schrecken und schüttelte langsam den Kopf.

Das Spiegelbild – Narzissus und Echo

Helga Margenburg

Ob Echo mich wirklich geliebt hat, werde ich nie erfahren.

Ich mag keine Nymphen, sie sind immer so quirlig, huschen mal hierhin, mal dorthin, sie jagen durch die Wälder, sie locken die bocksfüßigen Satyrn aus den Bergen oder erschrecken die Bauern und Hirten. Echo mag ich schon gar nicht, sie hat mich genervt mit ihrer Verliebtheit, und ich hab mich lustig über sie gemacht. Sie würde nach Gras riechen und stinken wie Ziegenmist, hab ich zu ihr gesagt und sie von mir gestoßen nachdem ich erst mit ihr gespielt habe und sie habe glauben lassen, dass ich auch in sie verliebt sei. In Panik ist sie zurück in ihren dunklen Wald geflohen, aus dem sie gekommen ist. Bestimmt hat sie sich in einer Baumspalte in ihrer Berghöhle versteckt. Jedenfalls habe ich sie nicht mehr wiedergesehen.

Ist auch besser so, da bleibt man wenigstens verschont von ihrem Gestammel.

Dass Hera ihr die Sprache genommen hat und nur noch ein Rest übrig ist, ist Echos eigene Schuld. Sie hätte es sich eher überlegen sollen, dass es nicht in Ordnung ist, eine Göttin zu belügen und vor ihr die Affären ihres Mannes mit den Nymphen zu vertuschen. Echo kann keine zusammenhängenden Worte mehr hervorbringen. Sie wiederholt nur noch die letzte Silbe eines gesprochenen Wortes. Diese Bruchstücke werden von den Bergen zurückgeworfen und klingen wie ein sich fortpflanzender Schall durch die

Wälder und über die Ebene. Es sollen schreckliche, bruchstückhafte Laute sein, die sie von sich gibt, hat mir Meltemi, der Nordwestwind, der jetzt im Frühjahr übers Land weht und bis in ihre Berghöhle hineingekrochen ist, erzählt. Es seien Klagelaute, die sich anhörten wie „sus…sus…sus" mit einem zischenden S am Ende. „Narzissus" wolle sie wohl sagen, doch es gelinge ihr nicht.

Meinetwegen kann sie meinen Namen rufen bis sie gar keine Stimme mehr hat, was kümmert's mich?

Vor kurzem ist Meltemi, mein Freund, noch einmal in Echos Höhle hinein geweht. Er hat berichtet, sie sei dahingesiecht wie ein verendendes Tier. Einsam. Allein. Wie die meisten Tiere, wenn sie sich zum Sterben zurückziehen. Die einzige Gesellschaft, die sie hatte, waren die Fledermäuse, die kopfüber von der Decke hingen. Sie habe sich offenbar so sehr in Sehnsucht nach mir verzehrt, dass sogar ihr Leib sich aufgelöst habe. Ganz durchsichtig sei er geworden. Nichts sei von ihr übrig geblieben, nichts außer ihrer Stimme.

Ja, es tut mir leid, aber ich kann es nicht mehr ändern.

Echo muss sehr gelitten haben unter meiner Zurückweisung, das weiß ich jetzt, wo ich selbst nicht mehr ich selbst bin. Früher war ich ein junger Mann, jetzt bin ich eine Blume. Eine wilde Narzisse, deren weiße Blüten mit den safranfarbenen Staubgefäßen in der Mitte weithin über die Ebene leuchten. Ich stehe im Gras, nah an der Quelle, in deren Wasser ich mich immer betrachtet habe, als ich noch ein Mensch war. Wenn Meltemi über die Halme streicht, reiben sie aneinander und klingen wie eine leise Melodie. Ich liebe ihn, diesen trockenen, angenehm kühlen Wind, der jetzt seine beste Zeit hat. Er bringt heiteres Wetter mit und sorgt für eine klare Sicht. Die Sanftheit seines Wehens spüre ich in meinen zarten Blütenblättern. Das Wasser der Quelle bleibt aber glatt, es kräuselt sich nicht, so dass ich mich darin sehen kann, wenn mein biegsamer Stengel weit genug in seine Richtung gedrückt wird. Ja, ich habe nicht aufgehört, mich im Wasser anzusehen. Dass ich auch als Blume schön bin, weiß ich. Mein Spiegelbild sagt es mir, so wie es mir früher auch gesagt hat, dass ich ein wunderschöner Jüngling sei.

Nein, eine Blume bin ich nicht sofort geworden, vorher haben die Götter mich mit Selbstliebe bestraft. Ich habe es verdient. Es war ihre Art der Strafe dafür, dass ich die arme Echo dermaßen verspottet habe, dass nun nichts mehr von ihr übrig ist als ihr Schall.

Ich war so in mein Aussehen verliebt, dass ich mich wieder und wieder in der Quelle betrachten musste, deren Wasser so glatt war, dass es wie ein Spiegel wirkte. Ich konnte mich nicht sattsehen an dem jungen, knabenhaften Gesicht, das mir mit großen dunklen Augen entgegenblickte. Die dicke rote Narbe über meiner linken Augenbraue, wo mich eine Bärin mit ihrer Tatze verletzt hatte, war deutlich zu sehen. Wenn ich lächelte, lächelte das Antlitz auch. Verzog ich den Mund oder zeigte meine Zähne, tat es das Gesicht auch. Meine vollen Lippen schienen mich küssen zu wollen. Fiel mir eine Haarsträhne in die Stirn, tat sie es bei meinem Gegenüber ebenfalls. Es war faszinierend. Ich konnte nicht genug von diesem Anblick bekommen.

Täglich lief ich zur Quelle und beugte mich über das klare Wasser. Es war, also ob mein Spiegelbild schon auf mich wartete und mich freudig begrüßte, wenn ich es ansah. Ich war dermaßen stolz auf das, was ich erblickte, dass ich glaubte, ich sei ein Liebling der Götter und mir könne niemals etwas Böses geschehen.

Doch eines Tages passierte etwas, das mein Herz und meine Seele sterben ließ: Als ich wieder einmal ins Wasser blickte, sah ich plötzlich nicht mehr den herrlichen Jüngling wie zuvor. Mein Gesicht war hässlich geworden; von dem bisherigen schönen, jungen Mann war nichts mehr da. Meine Augen waren auf einmal alt und müde geworden und die Narbe darüber zu einem unförmigen Wulst; die sonst so sinnlichen, aufgeworfenen Lippen schmal, die Nase schief. Das Leuchten meines Gesichts war verschwunden. Stattdessen durchzogen tiefe Falten meine einst straffe Haut. Wieder und wieder flehte ich das Bild an, wieder so zu werden wie zuvor, doch es kam nicht mehr zurück. Es war vor mir geflohen so wie Echo vor mir geflohen war. Meine Schönheit war für immer verloren und ich hielt das, was ich jetzt sah, für die Wahrheit.

Dass die Götter und Meltemi ihre Finger im Spiel hatte, habe ich damals nicht geahnt. Meltemis Wehen war stärker als sonst und hatte die Oberfläche des Wassers gekräuselt und unruhig gemacht.

Ich litt Qualen. Dieselben Qualen, die Echo meinetwegen erleiden musste. Ich bekam Selbstzweifel und wünschte mir den Tod. Die Götter haben mir meinen Wunsch erfüllt. Ja, sie sind gerecht. Ich habe gespürt, wie ich zusammenschrumpfte und immer kleiner wurde. Ich konnte meine Füße nicht mehr bewegen, sie verklumpten und verschmolzen zu einer Zwiebel, die sich fest in den Boden krallte. Im Laufe des Tages löste sich mein Körper auf. Erst wurde mein Rückgrat steif, sackte dann in sich zusammen und wurde schließlich zu einem Stengel. Meine Arme wurden zu Blättern und mein Kopf zu einer Blüte. Als sich ein Schmetterling auf mir niederließ, hat es gekitzelt, doch ich konnte mich nicht wehren.

Jedes Jahr im Frühling erscheine ich in neuer Jugend und blühe in neuem Glanz. Eine Dichter-Narzisse nennt man mich. Ich verströme einen wundervollen süßen Duft, der von Menschen und Insekten gleichermaßen gemocht wird.

Ich muss zugeben, ich finde mich noch immer schön.

Bild: Ingrid Hüchting

Frühstück für die Präsidenten-Suite   Wilfried Seitz

Anfangs kaum zu hören, wurde das unangenehm scharrende Geräusch am rechten Hinterrad des NSU Prinz 1100, Baujahr 1965, immer lauter. Der Wagen war Thomas Sendlers ganzer Stolz. Bis zur Werkstatt musste er es schaffen. Dann das niederschmetternde Urteil des Meisters: Radlagerschaden und marode Bremsbeläge. Auf Sendlers vorsichtige Frage nach den Kosten zog der Kfz-Meister eine bedenkliche Miene. SCHEISSE! dachte Thomas Sendler.

Als Kellner hatte r die Freistunde zwischen fünfzehn und achtzehn Uhr zum Blutspenden genutzt, damit er wieder tanken konnte; die Nadel auf dem Benzinanzeiger war schon bedenklich nahe dem roten Bereich. Und jetzt das noch. Morgen, am Freitag, hätte er seinen freien Tag gehabt. Mit seinem Kumpel Rainer wollten sie über die Grenze, sich einfach mal in Frankreich, in Straßburg, umschauen und gemütlich Campari oder Pernod trinken.

Um achtzehn Uhr hatte er wieder Restaurantdienst im Hotel Graf Zeppelin in Stuttgart. Dann hing auch schon der neue Dienstplan für die nächste Woche aus. Vielleicht hatte ihn der Oberkellner doch für den ersehnten Frühdienst eingetragen. Frühdienst hieß Frühstücksbuffet und vor allem Etagenservice; Trinkgeld war da quasi garantiert. Gleich nach Betreten des Kellner-Offices sprach ihn der Oberkellner an: „Thomas, ich habe Dich ab Samstag für den Frühdienst eingetragen, der Chef möchte Dich sprechen!"

Thomas Sendler erschrak leicht, hatte er etwas vermurkst, warum wollte ihn Hoteldirektor Robert Herr sprechen.

Im Vorzimmer des Direktors bedeutete die Chefsekretärin Thomas Sendler, erst mal auf einem der unbequemen Stühle Platz zu nehmen. Die Tür ging auf. „Ah, Herr Sendler, das ist gut, dass Sie da sind, kommen sie rein!" Das klang erst mal nach Entwarnung. Erwartungsfroh nahm Sendler den ihm zugewiesenen Platz vor dem großen Mahagoni-Schreibtisch ein, die Hände gefaltet zwischen den zusammen gepressten Knien. Der Hoteldirektor musterte Thomas Sendler eindringlich. „Sie haben am Samstag Frühdienst, richtig?" Thomas nickte. „Morgen reisen sehr wichtige Gäste an, Sie sind dann Samstag und zwei weitere Tage für den Frühstück-Service für die Präsidenten-Suite zuständig." Thomas nickte wieder. „Diese Gäste fallen unter Staatsbesuch, also *Silver-Service,* weiße Handschuhe usw. Ihr Oberkellner wird sie noch genau einweisen, es darf nichts schiefgehen.

Der Direktor musterte ihn. „Gehen sie morgen noch zum Friseur!" Damit war die Ansage durch. Ein Kopfnicken des Direktors bedeutete, dass Sendler gehen konnte. Offensichtlich wollte Direktor Herr auf sicher gehen. Die *Vergatterung* durch den Oberkellner war deutlich intensiver. Mit einer Flut von Hinweisen und Verhaltensregeln wurde Sendler überschüttet: Anrede: *„her majesty"... nicht in die Augen starren... blue montain coffee... first flush Darjeeling... nicht im Zimmer umschauen... dezentes Lächeln... absolute Vertraulichkeit... moderat anklopfen und „room service"* *ansagen. Nur zweimal dann bei Nichtöffnen über Etagen-telefon im Zimmer anrufen usw.usw.usw.*

Um vierundzwanzig Uhr hatte Sendler Feierabend, er schaute noch nach seinem Kumpel und sagte die Spritztour nach Frankreich ab. Mittlerweile wusste er mehr über die Gäste in der Präsidenten-Suite. Mitglieder der Familie des Kaisers Haile Selassie von Äthiopien würden die Präsidenten-Suite beziehen. Eine echte Kaiser- Prinzessin sollte dabei sein. Der Kaiser hatte schon vor ein paar Jahren einen pompösen Staatsbesuch in der Bundesrepublik gemacht. Auf Veranlassung der Bundesregierung sollte sich damals der Märchen-Kaiser „wie zu Hause" fühlen. Dazu wurden für den Empfang von einem Zirkus Kamele und Elefanten ausgeliehen.

Am Samstag erschien Thomas Sendler sehr frühzeitig zum Frühdienst. Tadellose Kellner-Kleidung, schwarze Fliege, weiße Handschuhe, blitzsauberer Haarschnitt. Zur Überraschung Sendlers war auch der Oberkellner schon da. Er nahm die Frühstücksbestellung aus den Zimmern höchstpersönlich entgegen, was sonst immer Aufgabe eines Chef de rang war. Wieder ein Anruf, der junge Sendler bemerkte aus der Entfernung, wie der Oberkellner sich plötzlich anspannte, Notizen machte und konzentriert mit geneigtem Kopf in die Sprechmuschel antwortete. Er legte auf, ruhig schrieb er die Bestell-Bons, rief dann Sendler, um ihm die Frühstück-Bons für die Präsidenten-Suite zur Weiterleitung an Kaffee-Büfett und Küche auszuhändigen.

Sendler ging die Bons durch, jetzt wusste er, wie er den Frühstückswagen vorzubereiten hatte.

Küche und Büffet lieferten fast gleichzeitig. Zügig, dennoch exakt, arrangierte Sendler Speisen und Getränke auf dem Wagen und machte sich auf den Weg zum Aufzug, sein Herz begann zu pochen.

Wie ihm eingebläut, klopfte er an und meldete sich mit einem deutlichen „*room service*"…einmal … zweimal, dann wartete er noch einen Moment. Ganz langsam öffnete sich die Tür. Sendler sah die Gestalt, fast verschlug es ihm die Sprache. Mühsam quälte sich ein „her majesty, good morning, breakfast please!" aus seinem Mund. Vor ihm stand in einem weiß-seidenen Negligé, ein Traum von einer Frau, die Prinzessin *Hirut Desta*. Offensichtlich war sie dabei ihr *make up* aufzulegen, ein Träger ihres Negligees war den Oberarm heruntergerutscht. Freundlich bat sie Sendler herein. Er rollte den Frühstückswagen an den vorgesehenen Platz, kaum wagend zu der Kaiserin-Enkelin aufzusehen. Scheu lächelnd begegnete er ihrem Blick, zurück kam ein Lächeln. Kein Lächeln für Lakaien, die Augen kalt, der Mund verzogen, wie Sendler es nicht selten erlebte. Nein, es war ein Lächeln, das *ihm* galt. Diese Augen! Jetzt drehte sich alles in seinem Kopf, rasend schnell tauchten Fantasiebilder vor ihm auf: *Prunkelefanten darauf, die Königin von Saba… freie Frauenbrüste… fächernde livirierte Diener vor dem Kaiserthron….* Thomas Sendler schien für Sekunden der Wirklichkeit entrückt. Dann hörte er ein „for you boy, merci!"; damit drückte Prinzessin Hirut Desta, Enkelin des Kaisers von Äthiopien, ihm einen *Zehn-*

Dollar-Schein in die Hand. Betäubt von der Schönheit dieser exotischen Frau verließ er mit einem *„thank you very much her majesty"* und ganz großen Augen die Suite.

Das Trinkgeld konnte er gut gebrauchen aber tausend Mal wichtiger war es für ihn, die nächsten Tage

der Mann zu sein, der Prinzessin Hirut Desta das Frühstück brachte.

Nachtrag:

Prinzessin *Hirut Desta* war die Enkelin des Kaisers Haile Selassie von Äthiopien, der N*eguse Negest „König der Könige"* gennannt wurde und bis 1974 das Land regierte. Er selbst bezeichnete sich als 225.

In der Bankettkarte verwendetes Wappen

Nachfolger des Königs Salomon und der Königin von Saba. Die Glaubensrichtung *Rastafari:* in Jamaica sehen die Menschen in Haile Selassie den Messias.

Tanzen, eine Ballade   Brigitte Rosetz

Springt auf die Tür:
Stuhl und Tisch wie ein Zaun
stehen im kleinen Raum
zwischen dir und mir.

Zu was soll das taugen?
Leer ist der Tisch.
Kein Brot. Kein Fisch.
Tagtraum mit offenen Augen...

Gibt das einen Sinn?
Tisch, Stuhl sind doch echt.
Rücken sich eilig zurecht.
Schaukeln her und hin.

In deine Augen schauen:
Deine Augen sind grau.
Sie spiegeln genau,
was sich abspielt vor deinen Augen.

Die Tür kracht zu.
Fensterglas klirrt.
Du bist verwirrt.
Wann endlich Ruh?

Die Tischplatte stöhnt.
Sie bebt, sie hebt
gleich ab. Die Schublade singt.
Der Wind ringt um Fassung und höhnt.

Der Stuhl reckt die Füße,
geht vor und zurück,
zwei Schritte – ein Tänzchen?
Einen Augenblick, Süße!

Fliegt nochmal die Tür.
Der Wind, der hereinfährt,
tanzt wieder raus.
Zwei Schuhe stolpern, poltern durchs Haus.

Es pocht in den Dielen.
Es rockt in den Wänden.
Buchstaben fallen mir aus den Händen:
Dachpappen vom Dach herunterrappen.

Schau dir in die Augen ruhig und fest:
Grau mit goldenen Sprenkeln darin.
Die lachen zu meinen Augen hin.
Jetzt tanzt du in meinen Augen.

Licht und Schleier

Jonas Richter

30. April 2009, Zettel mit Gedichtentwurf von Andreas Neuhaus, zerknüllt

Ich habe ein Gesicht gesehen
beim Handball
du ~~stachst~~ fielst mir ins Auge
und zeigtest mir
wie man den Ball ins Netz haut

        getroffen
Wir haben uns

Du strahlst
und dann wieder braut sich
was auf deiner Stirn zusammen
In deiner Nähe fühl ich
mich wie ein Glaskörper
licht
empfindlich
und will doch auf lange Sicht
nicht mehr von dir absehen

5. Mai 2009, Tagebucheintrag von Melanie Weiß

Andreas geht mir nicht mehr aus dem Kopf. Oder aus dem Herzen. Ich glaub ja, dass er mich auch liebt, aber er wirkte neulich wieder so... abwesend? Ich kann nicht in seinen Kopf hineingucken. Wenn wir uns sehen und er mich anstrahlt, dann drehen die Schmetterlinge im Bauch durch, und seine Nervosität in meiner Nähe ist auch echt niedlich.

Ich bin sicher, er mag mich genauso wie ich ihn. Aber wenn wir zu zweit sind, dann… fühlt es sich manchmal an, als wären wir es nicht? Als wäre er nicht bei mir? Er scheint abgelenkt, guckt ins Leere. Oder eher weg, woanders hin, obwohl da nichts zu sehen ist, ist er bei was anderem, und ich muss erst wieder seine Aufmerksamkeit kriegen. Das finde ich frustrierend. Guck mich an, Andreas! Lenk dich nicht ab, wenn du mir in die Augen schaust! Ich will dich! Und ich bin es wert!

Morgen beim Uni-Sport sehen wir uns wieder. Ob ich ihm das sagen kann?

5. Mai 1874, *morgens*

Georg erinnerte sich nicht mehr, wie er sich in Eugen verliebt hatte. Aber es gab viele glückliche Momente, die ihm im Gedächtnis geblieben waren. Die erste Umarmung, die mehr als nur freundschaftlich war. Die Erleichterung, als er erstmals spürte, dass Amalie ihn wirklich akzeptierte. Als Eugens Gattin musste es für sie eine äußerst schwierige Situation sein. Eugens Liebe zu ihr war ungebrochen, aber trotzdem war nun auch er, Georg, ein Teil von Eugens Leben. Georg bewunderte, mit welcher Kraft, Demut und, ja, auch Anmut sie es ertrug, dass er ein Zimmer in ihrem Haus mietete. Anfangs empfanden sie beide Eifersucht auf den anderen, aber mit der Zeit und den Gesprächen wuchs auch das Vertrauen. Alle drei gaben sich Mühe, Heil und Ehrlichkeit im Haus zu befördern, damit daraus Glück sprießen konnte.

Und es spross. Eugen und Georg verfolgten ihre spiritistischen Interessen. Mit geradezu knabenhafter Begeisterung vertieften sie sich in Eugens photographische Experimente. Georg sah vor seinem inneren Auge immer noch Eugens leuchtendes Gesicht, als Gregor Konstantin Wittig, der bekannte Spiritist, auf ihren Brief antwortete. Unvergessen blieb auch ihr Stolz über den Libao-Anko-Strauch, den sie aus Samen gezogen hatten, die ihnen Wittig geschickt hatte. Er war es auch, der sie auf diese tropische Pflanze aufmerksam gemacht hatte, deren Wurzel, wie er schrieb, „das Unbewusstsein aufschließen hülfe". Letztes Jahr hatten Eugen, Amalie und er den Strauch nach draußen gepflanzt. Er überstand den Winter, und auch die neuen Zöglinge im kleinen Gewächshaus entwickelten sich gut. Der Strauch im Garten blühe gerade, hatte Eugen ihm erzählt, und gefragt, ob er einen Blütenzweig abschneiden und ihm ans Krankenbett bringen solle. Nun stand dort ein Zweig, aber Georg sah ihn kaum an. Die Blüten in seiner Erinnerung waren überwältigender. Sie wiegten sich sachte taumelnd im Kreise, weiß und rosa, und Eugens Gesicht strahlte ihn an.

Eine Träne lief über Georgs Wange. Er war so schwach geworden. Jemand küsste die Träne von seiner Wange, und er öffnete die Augen. „Welcher Tag ist heute?" fragte er. Eugen hielt seine Hand. „Der Tag, an dem meine Liebe für dich größer ist als je zuvor", antwortete er. Wie jeden Tag. Georg lächelte, schloss die Augen. Taumelnd, weiß und rosa.

11. Mai 2009, vormittags

Melanie stand vor der Hausnummer, die Andreas ihr ge-
nannt hatte. Altes Villenviertel mit großen, dunklen Häu-
sern. Es war nicht seine Adresse. Sie waren gerade erst zu-
sammengekommen, dann tauchte er weder beim Handball
noch in der Uni auf und meldete sich nicht. Nachdem sie
zum dritten Mal versucht hatte, ihn zu erreichen, textete er
endlich zurück. Ein Todesfall in der Familie, hatte er als Er-
klärung geschrieben, und die Adresse genannt. Er wäre
froh, wenn sie vorbeikommen könnte. Das war zwar ein
bisschen heftig am Anfang einer Beziehung, aber was tut
man nicht alles für sein Herz? Jetzt war sie also hier. Es gab
zwei Klingeln. Auf der einen stand OPS – Ophthalmologi-
sche Praxis Seebauer, auf der anderen stand Friederike See-
bauer. Unter dem Klingelschild der Praxis war mit Klebe-
band ein Zettel angebracht, auf dem „Geschlossen – danke
für Ihr Verständnis" zu lesen war. Es war Andreas' Hand-
schrift. Sie drückte die zweite Klingel und wartete nervös.

Andreas öffnete und sie umarmten sich erstmal lange.
„Schön, dass du da bist! Tut mir leid, dass ich mich nicht ge-
meldet habe, aber hier ist so viel zu regeln." – „Schon gut,
das konnte ich nicht wissen. Tut mir leid, wenn ich dich ge-
nervt habe! Mein herzliches Beileid, Andreas. Ähm... wer ist
denn eigentlich gestorben?" – „Meine Tante Friederike.
Weil ich der einzige Verwandte bin, der in der Nähe ist, hat
Onkel Robert mich gebeten, hier einzuspringen. Ach so, Ro-
bert ist nicht ihr Mann, sondern ihr Cousin. Er ist grad in
Moskau, sonst würde er das hier machen, denke ich. Er

wohnt eigentlich im Ruhrpott." – „Das muss wirklich anstrengend sein. Und du musst das ganz alleine machen?" – „Meine Mutter..." Andreas ging ein paar Schritte, blickte links und rechts durch die Türen. „Lass uns in die Küche gehen." Sie folgte ihm, er erzählte weiter. „Meine Mutter war die Schwester von Friederike. Friederike war mal verheiratet, hatte aber nie Kinder. Mit Robert und ein paar anderen aus der weiteren Familie hab ich natürlich Kontakt, wir versuchen einen guten Termin für die Beerdigung zu finden. Einen Entwurf für die Traueranzeige habe ich heute früh rumgemailt. Jetzt suche ich Adressen zusammen von denen, die den Brief kriegen sollen – den soll aber Robert schreiben, zumindest den ersten Entwurf. Von den Formalia nimmt uns das Bestattungsinstitut das meiste ab." Er setzte sich an den Küchentisch.

Melanie sah ihm die Erschöpfung an. „Ist es okay, wenn ich uns Tee mache?" Sein Gesicht leuchtete bei ihrem Vorschlag auf: „Du bist wundervoll, Melanie. Ja, Tee wäre echt gut. Danke." Glück blubberte in Melanies Bauch, während sie Wasser aufsetzte und in den Schränken suchte, um Tassen, eine Kanne, und Teebeutel zu finden.

„Friederike hatte das Haus von ihren Eltern geerbt. Da hängt ein bisschen Familiengeschichte dran, und ich glaube, Onkel Robert hätte gerne, dass es in der Familie bleibt. Zusätzlich zu allem anderen frage ich mich also auch, ob ich vielleicht das Haus übernehmen möchte. Ist mir aber eigentlich zuviel Verantwortung." – „Aber ist doch cool, mit der Familiengeschichte!", warf Melanie ein. „Ja, schon..." Andreas zögerte. „Irgendwie auch belastend. Meine Tante und mein Großonkel waren beide Ophthalmologen. Friederike hat im Krankenhaus gearbeitet. Trotzdem ist hier im Haus auch eine kleine Praxis und ein Laborzimmer, und Friederike hat das vor ein paar Jahren erst modernisiert." Melanie verstand den Einwand nicht. „Überlegst du nicht selbst auch, dich in der Medizin auf Augen zu spezialisieren? Auf Ophtha… thamologie? Das sind doch Augenärzte? Dann wär das doch super, oder?" Sie schenkte ihm Tee ein. „Sag stopp!" Sein Blick war zur Seite gerichtet, in den leeren Flur. Er sagte nichts, und sie setzte die Kanne ab, als seine Tasse voll war. „Hallo? Erde an Andreas?" Sie stellte sich neben seinen Stuhl, umarmte ihn, drückte einen Kuss auf seinen Scheitel. Er legte seine Arme um sie und vergrub sein Gesicht in ihrem Bauch. „So sicher bin ich mir mit der Ophthalmologie noch nicht. Oder nicht mehr. Aber lass uns darüber ein andermal sprechen." Sie lösten die Umarmung und Melanie setzte sich. „Hey, ich bin hier!", sagte sie, als er wieder ins Leere zu starren begann. Er brauchte etwa drei Sekunden, bis er sich ihr zuwandte. „Entschuldige. Ich benehm mich echt mies." Die Tasse in den Händen stützte er seine Ellenbogen auf und pustete auf den dampfenden Tee. „Robert hat über unsere Familie mal scherzhaft gesagt, wir seien Lichtgestalten. Das fing schon beim Großvater oder Urgroßvater von Mama und Friederike an, der war von Beruf Fotograf, seine Söhne auch. Auch die späteren Generationen haben was mit Licht und Sehen gemacht, aber dann eben eher medizinisch. Meine Mutter war auch Augenärztin." Er betrachtete den Tee, schaute dann in ihre Augen und fuhr leise fort: „Und ich weiß halt nicht genau. Ob ich das auch will."

16. Dezember 1874, nachmittags

Amalie las Eugen den jüngsten Brief ihres Bruders Hermann vor, der in München studierte. Er schrieb vom Besuch im Elternhaus und seinen Unternehmungen mit Freunden und politischen Dingen. Und wie schon in den letzten beiden Briefen gab er einen Eintrag aus dem Deutschen Wörterbuch wieder. Seit er von diesem Unterfangen erfahren hatte, faszinierte es ihn. Nun arbeitete schon die zweite Generation kluger Männer an diesem Sprachschatz, aber würden sie auch seine Vollendung erleben? Wer weiß, vielleicht würde das Wörterbuch gemeinsam mit dem Ende des Jahrhunderts abgeschlossen? Eine atemberaubende Vorstellung! Es verging kein Tag in der Universitätsbibliothek, bei dem er nicht irgendein Wort nachschlug und neugierig las, was dazu geschrieben war. Und manches schrieb er ab, um seine Schwester damit zu unterhalten und zu bilden. Amalie freute sich über den Eifer und die Sorgsamkeit ihres Bruders. Im heutigen Brief hatte er ihr den Artikel zum Wort „Augapfel" abgeschrieben und erläutert:

„Das Wort bedeutet „pupilla", lateinisch für das Schwarze im Auge, in dem man sich selbst klein wie ein Püppchen gespiegelt sieht, und „globus oculi", den Augenball. In anderen Sprachen sagt man theils auch „Apfel", aber auch „Augenstein" oder „-ei". Verstehst du, warum ich so gern in diesem Wörterbuch stöbere? Man lernt eine ganz neue Sicht auf die Welt! Als nächstes bringt das Wörterbuch

121

Beispiele, wie dies Wort verwendet wurde, etwa in der Heiligen Schrift: lasz tag und nacht threnen herabflieszen wie ein bach, höre auch nicht auf und dein augapfel lasse nicht abe. Klagel. Jer. 2, 18."

Amalie sah vom Brief zu Eugen auf. Nach Georgs Tod hatte er wochenlang bittere Tränen geweint. Auch sie musste sich eingestehen, dass sie die glücklichen Tage zu dritt vermisste. Georg, der hinter ihr stand und mitgelesen hatte, schaute ebenfalls zu Eugen. Der sah ihn nicht, Amalie konnte ihn auch nicht sehen, niemand sah ihn, nurmehr ein silbriger, schwebender Schimmer.

Amalie las weiter, was ihr Bruder vom „Augapfel" schrieb: „Gilt nun in der sprache für das unantastbarste und liebste, das man am sorgfältigsten hütet, für den liebling des herzens: er behütet ihn wie sein augapfel. 5 Mos. 32, 10"

Als Eugen sich erhob, um in sein photographisches Atelier zu gehen, folgte Georg ihm.

11. Mai 2009, mittags

Nachdem Melanie gegangen war und er ihr versprochen hatte, dass sie sich heute abend beim Handball sehen würden, fand Andreas seine Mutter im Wohnzimmer. „Ich hatte dich gebeten, uns Zeit zu zweit zu lassen. Also warum kommst du dann in den Flur?" - „Mir war langweilig, und du hättest mich ja ignorieren können." Beide verwendeten Gebärdensprache. Wenn Schall zwischen der Welt der Geister und derjenigen der Lebenden übertragbar war, dann hatten sie noch nicht herausgefunden, wie. Nathalie, eine Tochter von Robert, wollte in dieser Richtung ein paar Experimente machen, hatte es erst vor kurzem geheißen. „Es ist nicht so leicht, zu ignorieren, wie du im Flur schwebst und deine Neugier mühsam in Beiläufigkeit zu verstecken versuchst.“ Andreas seufzte. „Und es ist blöd für Melanie, wenn ich immer abwesend wirke und ins Nichts starre.“ - „Du starrst nicht ins Nichts. Wenn sie die Richtige für dich ist, dann kannst du sie irgendwann einweihen. Und wenn sie mag, kann sie die Behandlung auch bekommen. Zum Ausprobieren, oder regelmäßig, wie du.“

Andreas schwieg.

23. Februar 1875, in einem Gästezimmer in Paris

Eugen Seebauer pustete über das Papier, um die Tinte trocknen zu lassen, und las den Brief. Er hatte ihn noch nicht zu Ende geschrieben, brauchte aber eine Pause, um sich zu sortieren.

„Meine Liebste Amalie,
dir geht es, so hoffe ich inständig, von Tag zu Tag besser? Deine Nachricht hat mich in große Sorge versetzt, über die du vielleicht lachen magst, aber sey bitte milde zu mir – und dir selbst. Seit ich (darf ich schreiben: wir?) Georg verloren haben, beunruhigen mich Krankheiten bei lieben Menschen, wenn sie auch noch so harmlos scheinen. Du weißt, wie mich die Gedanken an Georg noch immer durchdringen. Wenn du dich also schon nicht um deiner Selbst willen schonen magst, sei so gut und thu es um deines Gatten willen!

Mir geht es weiterhin passabel. Paris ist unverändert laut und stinkt. M. Édouard Buguet hat unser Treffen heute vormittag leider absagen müssen. Er sei „très désolé", ließ er mir ausrichten, dass er gleichzeitig von der Presse und von lautstarken Kritikern belagert würde und sich dieser Auseinandersetzung nicht entziehen könne. Aber er bot mir den Donnerstag Mittag statt dessen an. Und natürlich werde ich ihn morgen bei seinem Vortrag vor der Société parisienne d'études spirites sehen und hören. Aber das Gespräch unter vier Augen kann das natürlich nicht ersetzen. Am Freitag reist er wieder nach London, also setze ich all meine Hoffnung auf den Donnerstag.

Auch in der Société fragt man sich, ob Buguets Aufnahmen tatsächlich die Geister der Verstorbenen zeigen – oder ob er ein zweiter William Mumler ist. Die zwei Photographien, die ich am Sonnabend bei Gabriel Delannes Gesellschaft bewundern durfte, sehen beeindruckend aus, könnten aber mit Mumlers betrügerischen Methoden producirt sein. Ich hoffe, im persönlichen Gespräch mit Buguet mehr über den chemischen Aspekt seiner Photographien zu lernen. Meine eigenen Versuche mit dem Extract aus der Libao-Anko-Wurzel kennst du ja; an die Öffentlichkeit gehe ich nicht, bevor ich nicht das Problem der Fixirung gelöst habe. Bislang verblasst Georg nach wenigen Sekunden. Aber ich bin mir sicher, dass er es ist, und so sehr es schmerzt, sein Gesicht verschwinden zu sehen: Es tröstet mich, dass er uns nicht ganz verlassen hat, und mich vielleicht sogar auf dieser Reise begleitet. Vielleicht kann M. Buguet mir Hinweise geben, mit welchem Verfahren er seinen Bildern Dauerhaftigkeit verleiht.

Eine unbelichtete Platte habe ich aufbewahrt, falls sich die Gelegenheit ergibt und Georg mir hold ist."

Bis hierhin war der Brief gediehen. Eugen war klar, warum er das Schreiben hier unterbrochen hatte. Schon allein das Lesen und der Gedanke an Georg hatten ihn wieder stark aufgewühlt. „Georg", flüsterte er. Seine Wangen wurden feucht. Da war mehr in ihm, als er tragen konnte. Er griff einen leeren Zettel und schrieb darauf „Georg ich liebe dich". Sein Atem ging schwer. „Ich vermisse dich so", stieß

Bild:
Jonas Richter

125

er mit bebender Brust hervor. Eine Weile schluchzte er, besaß aber die Geistesgegenwart, den halbfertigen Brief nicht mit Tränen zu ruinieren. War es nicht verwirrend genug, zwei Menschen zu lieben? Warum musste ihn das Schicksal so zwischen Leben und Tod stellen? Er betete, dass Amalies Krankheit tatsächlich nichts Ernstes war.

Schließlich trocknete er sein Gesicht mit dem Taschentuch. Seit Georgs Tod hatte Eugen seine Bemühungen, die Seelen der Verstorbenen auf photographischer Platte festzuhalten, vervielfacht. Er war nicht der einzige, andere wie Mumler allerdings erregten zwar viel Aufmerksamkeit, wurden aber nach kurzer Zeit als Betrüger entlarvt.

Anfang dieses Jahres war Eugen auf die Idee verfallen, einen Extrakt aus der Wurzel dem Kollodion beizumischen, mit dem er die photographischen Platten behandelte. Tatsächlich hatte sich beim Entwickeln daraufhin eine menschliche Kontur auf der Platte gezeigt. Im Verlauf weiterer Experimente gelang es Eugen, die Chemikalien besser abzustimmen und ihre Wirksamkeit zu erhöhen, bis er mit zittrigen Händen im Dunkelzimmer Georg im Negativ erkannte. Georg. Er hatte ihn nicht verlassen. Der technische Triumph wog nichts dagegen.

Leider blieb es ihm bislang versagt, die Bilder haltbar zu machen. Er hatte schon etliche Anpassungen an der Fixierlösung vorgenommen, doch nichts verfing. Kaum erschien Georg auf dem Bild, verblasste er sogleich. Eugen erhoffte sich vom Gespräch mit Monsieur Buguet Hinweise darauf, was er noch unternehmen könnte, um die Photographien der Geister zu fixieren. Große Hoffnung durfte er sich nicht machen, wenn er die kritischen Äußerungen über Buguet hörte. Unversucht durfte es dennoch nicht bleiben. Er nahm die Feder wieder zur Hand und setzte den Brief fort:

„Weitere Platten werde ich vorbereiten, wenn ich wieder daheim bei dir bin. Mit dem Libao-Anko-Extract muss ich unbedingt weiter Versuche machen, ihn mit unterschiedlichen Silbernitratlösungen kombiniren, und vor allem nach Möglichkeiten des Fixirens suchen.

Dein Einfall, statt der Platte das Auge selbst zu behandeln, lässt mich nicht mehr los. Ich habe hier einem Starstecher zugesehen und mir die jüngsten Bände der Annales d'Oculistique und andere ophthalmologische Werke in den Lesesaal der Bibliothèque bestellt. Du musst mich für einen Wahnsinnigen halten, aber da du selbst den Vorschlag gemacht hast, vertraue ich, dass du mich nicht ins Tollhaus wirfst. Intraoculare Injectionen sind ungewöhnlich, aber ein Mediciner an der Académie hat damit bereits Experimente an Hühnern vorgenommen. Bevor ich ihn anspreche, sollte ich mir aber einen Überblick über die Materie verschaffen. Ich werde ihm wohl von Deutschland aus schreiben.“

Eugen setzte wieder ab. Es klang wirklich allzu verrückt, sich Libao-Anko-Extrakt in den Augapfel zu injizieren, aber was tat der Mensch nicht alles, wenn sein Innerstes ihn dazu trieb? Sein Blick fiel auf das Papier, auf dem „Georg ich liebe dich" stand. Ohne mit der Hand zu zittern, tauchte er die Federspitze in das Tintenglas, strich den untersten Tropfen ab, und schrieb hinzu:

„Mein treuer Georg,

ich hoffe, du kannst dies hier lesen oder hören, wenn ich es dir sogleich vorlese – falls du hier bist. Bitte begleite mich nach Deutschland zurück. Dort will ich Amalies Geistesblitz in die That umsetzen, den Extract direkt ins Auge zu injiciren. Ich hoffe, dich dann ohne den Umweg der Photographie wieder zu sehen. Bitte bleib bei mir."

Mit einiger Willenskraft gelang es ihm, dies in die Stille des Raumes zu verlesen, ohne die Fassung wieder zu verlieren. Dann beschloss er seinen Brief an Amalie mit herzlichen Worten und drückte seine ehrliche Vorfreude aus, bald wieder bei ihr zu sein.

11. Mai 2009, nachmittags

Nachdem Melanie gegangen war, hatte Andreas am Schreibtisch seiner Tante mehrere Ordner durchgeblättert und ihre Bank und ihren Versicherungsberater angerufen, um zu klären, was nun unternommen werden musste, und welche Dinge davon er als Neffe eigentlich übernehmen konnte. Nach dem Tod seines Vaters hatte er schon mal so etwas tun müssen. Er hatte vergessen, wie kräftezehrend es war. Wie gnädig doch das Gedächtnis war, Strapazen und Leid verblassen zu lassen. Er stand auf und ging in die Praxisräume, um zu schauen, ob dort wichtige Unterlagen waren. Viel Laufkundschaft hatte die Praxis nicht, soviel er wusste, da Friederike hauptsächlich im Krankenhaus arbeitete und die Heimpraxis eher als Hobby oder Luxus führte. Draußen vor dem Fenster leuchtete ein blühender Strauch weiß-rosa in der Frühlingssonne.

Seit er zum Studium in diese Stadt gezogen war, hatte Andreas regelmäßig auf dem hellen Leder des Behandlungsstuhls in der Praxis seiner Tante gesessen. Die Praxis war ein wichtiger Grund bei der Wahl des Studienortes gewesen. Alle vier Monate hatte Friederike ihm den Extrakt ins Auge gespritzt, der es ihm ermöglichte, Geister zu sehen. Ohne die regelmäßige Injektion verlor das Auge die Fähigkeit wieder. Es war ein gut gehütetes Familiengeheimnis, das bis ins 19. Jahrhundert zurück reichte. Das war natürlich auch der Grund für die Tradition, sich mit der Physiologie des Auges, mit Medizin zu befassen. Andreas starrte auf den Stuhl und den flexiblen Lampenarm darüber. Lichtgestalten.

So schlimm war die Spritze nicht. Man gewöhnte sich daran, auch daran, dass die Farbwahrnehmung beeinträchtigt wurde. Das Geistersehen hingegen blieb belastend. Immer und überall konnte einem der Tod ins Auge fallen. Nirgends war man davor sicher, Verstorbenen zu begegnen.

Es waren nicht viele. Niemand in der Familie konnte erklären, warum einige Verstorbene als Geister blieben, andere nicht. Auch die Verstorbenen, die wiederkehrten, wussten selbst nicht warum. Und auch sie vergingen irgendwann endgültig, oft erst nach vielen Jahren.

Tante Friederikes Geist war bislang nicht aufgetaucht.

Andreas hatte sich antrainiert, auf den Anblick von Geistern nicht zu reagieren – außer bei seinen Familienangehörigen natürlich. Wenn die fremden Geister nicht bemerkten, dass er sie sehen konnte, dann ließen sie ihn in Ruhe. Nicht, dass er sich mit ihnen hätte unterhalten können – Schallwellen konnten die Geister nicht produzieren und auch nicht wahrnehmen. Das hatte man in seiner Familie schnell herausgefunden und sich zuerst mit Händen und Füßen verständigt, dann die Gebärdensprache der Gehörlosen übernommen. Fast alle Familienangehörigen wuchsen zweisprachig auf, noch bevor mit den Injektionen begonnen wurde, was meist erst in der späten Jugend oder mit der Volljährigkeit der Fall war. Bei Andreas war es schon mit 12 gewesen, als seine Mutter überraschend starb. Sein Vater verunglückte dann tödlich, als Andreas schon volljährig war. Während der Geist seiner Mutter nun schon viele Jahre da war, war sein Vater nur wenige Tage geblieben. Er hatte kein besonders enges Verhältnis zu seinem Vater gehabt. Aber ihn innerhalb einer Woche zweimal zu verlieren, ohne Vorwarnung… Er seufzte. Und doch – er hatte Abschied genommen. Ohne seinen Vater natürlich. Aber seine Mutter… er hatte ihren Verlust nie recht betrauern können, weil ihr Geist noch da war. Ihre Wärme war weg, ihr Geruch, ihre Stimme. Aber ihr Geist blieb und erinnerte ihn fortwährend daran, was er verloren hatte.

Er stand eine Weile still neben dem Behandlungsstuhl und schaute nach draußen auf die Blüten. Einer Ahnung folgend blickte er über die Schulter. Seine Mutter schwebte über der Türschwelle zum Behandlungszimmer. Sie gebärdete: „Woran denkst du?" Er zeigte auf den Stuhl. „Mein nächster Termin wäre diesen Samstag gewesen." Seine Mutter reagierte beschwichtigend, fürsorglich: „Onkel Robert kommt nächste Woche zurück, er kann…" Andreas winkte ab. „Ich möchte die Behandlung absetzen, glaube ich." Sie schaute ihn stumm an. „Fürs Examen will ich möglichst wenig Ablenkung haben." Sie wussten beide, dass das vorgeschoben war. „Und danach?", fragte sie. Andreas wirkte klein und verloren zwischen ihr und dem Stuhl. Seine Schultern zuckten. Er wusste es wirklich nicht.

Sommer 1877, Gedicht von Eugen Seebauer

Der Apfel, den dereinst wir aßen
vom Baum, der uns erkennen ließ,
entwurzelt' uns, die friedlich saßen.
Aus Eden uns der Herr verstieß.

Vom Baum des Lebens geh'n wir ferne,
im Wind des Todes sind wir Laub.
– Niemand trägt Verluste gerne.
Herzblutend weh'n wir blind und taub.

In seiner Gnade schenkt uns Gott
die Wurzel, die uns wieder giebt,
was er uns nahm. Gelobt sei Gott!
Der Mensch sieht wieder, die er liebt.

12. Mai 2009, vormittags

Christiane Neuhaus, geborene Seebauer, glitt durch die Innenstadt. Um sie herum wuselte das Leben. Sie versuchte, sich an die Farben zu erinnern. Als Geist nimmt man die Farben kaum noch wahr. Schon die Injektionen dämpften aber die Ausprägung der chromatischen Reize im lebenden Auge. Damals, als sie starb, war der Wechsel für sie nur graduell. Ihr Sohn hingegen, der mit dem plötzlichen Tod seiner Mutter rang und dessen Kinderaugen erstmals die

131

Libao-Anko-Behandlung erhielten, litt damals unermesslich. Christiane hatte lange nicht mehr daran gedacht, wie es Andreas damals gegangen war. Wie er sich die Augen ausheulte und sie ihn nicht mal in den Arm nehmen konnte. Wie fahl sein Blick wurde, als auch die Farben seiner Welt verblassten. Sie hatte sich immer bemüht, auch nach ihrem Tod so gut wie möglich für ihn da zu sein. Verlässlich, unermüdlich.

Und trotzdem hatte sie seine wachsende Müdigkeit übersehen.

Wenn man tot ist, verschwinden auch bestimmte physiologische Empfindungen. Christiane konnte keine Tränen in sich aufsteigen spüren, weil sie keinen Körper mehr hatte, in dem so etwas vorkommt. Ganz Geist, erfüllte sie nur eine erdrückende Trauer.

Dort war das Café. Dort saß Andreas und wartete auf Melanie. Christianes Trauer wuchs und mischte sich mit der Liebe zu ihrem Sohn, während sie heranschwebte.

Andreas spielte auf seinem Handy herum. Seit er gestern seiner Mutter offenbart hatte, dass er die Behandlung absetzen wollte, spürte er eine Last von seinen Schultern gleiten. Langsam, nicht auf einmal, aber Stück für Stück fühlte er sich befreiter. Nicht, weil er nie wieder die Geister der Verstorbenen sehen wollte – er wusste, dass ihm diese Option für später offen stand. Auch nicht, weil er mit seiner Mutter nicht klarkäme, oder weil er nichts mehr mit der Familie zu tun haben wollte. Nein, das waren alles liebe Menschen, die ihn respektierten. Aber er brauchte Abstand, um klarer zu sehen, was er eigentlich selbst wollte.

Christiane war nicht glücklich über die Zeit und den Ort, aber sie wusste, dass ihre Entschlusskraft – und vielleicht auch die ihres Sohnes – durch Aufschub nur geschwächt würden. Sie verstand, dass Andreas Zeit und Eigenständigkeit brauchte. Dass die Toten die Lebenden auch einfach mal leben lassen mussten. Sie hatte Angst. Bisher hatte sie nie von ihm Abschied nehmen müssen. Von hinten blickte sie auf ihren Sohn. Wie sie ihn vermissen würde! Langsam legte sie ihre schimmernden Arme um ihn. Er richtete sich ein wenig auf, als er sie bemerkte. Sie blieb hinter ihm. Es war leichter, jetzt nicht sein Gesicht zu sehen. Sie hob ihre Hände in sein Blickfeld und gebärdete dort. Dass sie ihn lieb hatte. Dass sie seine Entscheidung verstand. Und dass sie ihn darin unterstützen wolle, indem sie Abschied nahm.

Für Außenstehende sah es so aus, als hätte Andreas sein Handy auf den Cafétisch gelegt und gucke gedankenverloren vor sich hin. Aber natürlich sah er aufmerksam den Gebärden seiner Mutter zu, die ihm Lebewohl wünschten. Da kam Melanie in sein Blickfeld. Christiane bemerkte Andreas' Kopfbewegung. Also war der Moment nun gekommen.

Während er Melanie winkte, sah er die Hände seiner Mutter sich seinem Gesicht nähern. Liebkosend legten sie sich auf seine Stirn und Wange, schoben sich dann über seine Augen, und glitten schließlich nach hinten davon.

Melanie sah Andreas winken, und ein warmes, wohliges Kribbeln breitete sich in ihr aus, während sie auf ihn zuschritt. „Hier bist du also", sagte sie zur Begrüßung. Seine Augen waren feucht. „Hier bin ich, ja", antwortete er und umarmte sie. „Hier bei dir."

Dürers Augen

In München zu sein heißt für mich immer auch: Kunstmuseen. Das vor allem, weil ich mich bereits seit Jahren intensiv kunstgeschichtlichen Privatstudien widme. Heute – auf ein ausgewähltes Bild und das dementsprechende Bildthema fokussiert – in die Alte Pinakothek.

Museumsbesuche sind für mich, bei allem Interesse, immer eine körperlich anstrengende Sache: was heute, wegen meiner geplanten detaillierten Bildanalyse kaum anders sein wird. Deshalb erst mal ins Café Klenze. Das Chelsea-Frühstück dort ist sehr gut, gibt sogar einen frischen Obstsalat dazu.

Danach ins Obergeschoss. Beim Betreten der Räume fallen mir wieder die Wandbespannungen auf. „Lyoner Seiden-Faille!" erklärt mir die Aufseherin, nicht ohne Stolz.

Bevor ich mich im Saal VII von Rubens´ *Höllensturz der Verdammten* begeistert erschüttern lasse, schnell weiter in den Saal II, wo ich auch bereits – an Cranach, Grünewald, Holbein vorbei – vor dem *Selbstbildnis mit dem Pelzrock* stehe. Ich kann nicht sagen, wie oft ich schon vor diesem Selbstportrait Albrecht Dürers gestanden, es angesehen, ja, angestarrt habe.

Dürers Selbstbildnis ist – wie viele dieser Art – streng frontal ausgerichtet. Neben dem Gesichtsoval fällt das schulterlange Haar in geringelten Lockensträhnen herab. Der Portraitierte ist mit einem pelzbesetzten braunen Gehrock bekleidet, der an den Schultern modisch geschlitzt ist. Dieses verleiht ihm, neben Gesichtsausdruck und Körper-

134

haltung – je nach Ansicht des Betrachters – so etwas wie einen feierlichen Ernst; der dieses fast „naturalistische" Bildnis zu einem Idealbild erhöht. Jedoch hat dieses Selbstportrait für mich nicht das von einigen Kunstphilosophen hochstilisiert Christushafte. Wie ich es sehe, zeigt Dürers Selbstbildnis einen keineswegs bescheidenen, dagegen einen selbstbewussten 28Jährigen, der seinen Stolz auf sein eigenes Können und auf seine Kreativität portraithaft offenbart.

Selbstbildnisse stehen zurzeit im Mittelpunkt meiner kunsthistorischen Betrachtungen. Wenn ich ein Portrait analysiere, suche ich zunächst das Gesicht, vor allem die Augen; wobei ich zuerst ins rechte Auge blicke, dann zum linken wechsle, dort wenige Sekunden verweile, bevor mein Auge zum anderen Auge zurückwandert; wonach ich diesen Blickwechsel sehr schnell wiederhole und damit beide Augen erfasse. Augen geben, wie ich denke, die ehrlichste Information über das Innere eines Menschen.

Dürers Augen sind für mich das hervorstechendste Merkmal seines Gesichts, und damit auch seines gesamten Selbstbildnisses. Diese Augen wirken auf mich bei jedem Anblick anders: Mal hoheitsvoll, streng, erhaben, stolz, aber auch einladend, milde, sogar entrückt; nur Freude sehe ich in ihnen nicht. Wobei ich diese verschiedenen Adjektive nicht als Gegensätze begreife; ich fasse sie – weil sie alles sein können – zu einem Gesamteindruck zusammen.

Dabei wird mir erneut bewusst, dass der empfundene Eindruck auch der Ausdruck meiner jeweiligen geistig-seelischen Verfassung, aber auch meines aktuellen Kenntnisstandes ist.

Mir geht es bei diesem Bild primär um Dürers Blick – mein Thema. Und damit um den Blick zwischen dem Betrachter und dem Betrachteten, um die Veränderung des Blickaustauschs.

Ich möchte Dürer fragen: Was denkst du über das Museum, über deine Nachbarbilder hier im Raum? Was denkst du über die Menschen, die dich betrachten, was denkst du – sag schon – über mich?

Vielleicht denkst du, dass ich – wissend unwissend dich anstarrend – nur ein kultureller Angeber bin, vollgetrunken vom vorwitzigen Wissen, das meinem vorbehaltlosen Blick im Wege steht.

Je länger und intensiver ich das Selbstbild Dürers anschaue – mein Analyseobjekt, das bereits zum Subjekt eines stillen Dialogs geworden ist –, bekomme ich nicht nur eine Antwort, sondern mehrere Feedbacks. Und das vielfältige Ergebnis dieses stumm redenden Blickaustauschs werde ich in mein Mini-Mikro sprechen. Wobei ich mich frage, ob subjektive Erfahrungen anderen Menschen adäquat zu vermitteln sind.

Bei längerer und genauer Betrachtung des Bildes entdecke ich in Dürers Augen ein hochinteressantes Minidetail. Man muss ziemlich nah an das Bild rangehen, um diese Einzelheit zu sehen und in Bezug zu anderen Details zu setzen – wobei jedoch schnell der Museumsalarm ausgelöst werden kann. Gottlob habe ich ein Opernglas. Auf den rehbraungrünen, leicht glänzenden Augen, oben am Rand, dicht unter dem Augenlid, ist ein Minikreuz zu sehen, ein Fensterkreuz, einfaches Fensterkreuz; eine exzellente

Feinarbeit. Die jedoch von den kunsthistorischen „Meta-physikern" wie Dittscheid und Kopp-Schmidt ebenfalls zum Kreuz Christi hochphilosophiert wurde.

Kaum, dass ich mich ein wenig von Dürer abwende und weitergehen will, zieht etwas meinen Blick wieder zurück. Und ich stelle fest: Dürers Augen sind noch immer auf mich gerichtet. Wo auch immer ich mich im Raum II befinde – die geheimnisvollen Blicke verfolgen mich auf Schritt und Tritt; Dürers Blick sitzt mir im Nacken. Ich spüre es an meinen Haaren, am Hinterkopf, im Rücken. Ich fühle mich verfolgt. Ein fast gruseliges Phänomen. Ähnliches habe ich oft schon erlebt, wenn ich mich von einem frontal ausgerichteten Portrait abgewandt und noch einmal zurückgeschaut habe, dabei feststellen musste, dass die Augen des Portraitierten noch immer auf mich gerichtet waren.

Die „materialistischen" Bildtheoretiker wissen natürlich, weshalb das so ist: Die dargestellte Person macht nichts anderes, als nur genau geradeaus zu schauen. Für den Rest sind Vorgänge in unserem Gehirn verantwortlich. Seit 100 Jahren wird das Phänomen des „Verfolgenden Blicks" erforscht, mit mathematischen Formeln beschrieben. Flächige Abbildungen eines Objekts werden von unserem Gehirn wie echte dreidimensionale Objekte behandelt. Dadurch entsteht der Eindruck, als würden die Blicke abgebildeter Personen den Betrachter verfolgen. Künstler haben eine natürliche Begabung, die sie dazu veranlasst, ihre Pinselstriche dort zu machen, wo es für den Betrachter diesen Effekt hat.

Okay! Das wissenschaftliche Wissen hat längst – ich sage: angeblich – alle Räume und Ecken der Welt ausgeleuchtet; auch die seltsame Erscheinung des „Verfolgenden Blicks". Trotzdem sage ich – und ich weiß, wovon ich rede: Meinem Intellekt ist zwar vieles erklärbar… inzwischen. Meine Seele aber sagt – bei allem was die „Optiker" sagen mögen –: Dürers Blick verfolgt mich. Ja, er ist immer noch hinter mir her. Was mir angstmacht, sogar das schlechte Gewissen verursacht, zu tief in seine Augen, zu tief in ihn hineingesehen zu haben, und jetzt das Gesehene, das letztlich Unaussprechbare auf indiskrete Manier auszuplaudern. Weshalb ich auch nicht weiter darüber reden will.

Sinn-Wahn **Wilfried Seitz**

Schlafschwärende Wahrhaftigkeiten
zerfleddert im Nebel des entzeitigten Halbtraums
Nachts in Momenten des denklosen Seins
Augenblicke mit geschlossenen Lidern
gebären Einblicke in das Kaleidoskop der Seele
Das Sein wird zum Trugbild verlorener Jahre
Lebt es sich draußen oder doch drinnen?

Der letzte Blick   Hansi Sondermann

„Ihr Vater wird in Kürze sterben! Der Priester war ges-
tern hier!", hatte ihm die Klinikärztin kurz am Telefon ge-
sagt. Das war bereits vor einigen Tagen. Und seitdem über-
legt er, wann er, ob er überhaupt nach Hause, ins Spital fah-
ren soll.

Denn nicht nur die geografische Entfernung zwischen
Vater und Sohn – Diagonale von Nord-Nord-Ost bis zur letz-
ten Süd-West-Ecke – ist sehr groß. Die beiden haben sich
Zeit ihres Zusammenlebens bis zum Es-geht-nicht-mehr ge-
fetzt. Dabei ging es nicht um den schnöden Mammon; der
war ihnen nie derart wichtig gewesen wie anderen Fami-
lien.

Vater und Sohn haben sich um fundamentale Fragen des
Lebens gestritten, sich wegen ihrer ständig entgegengesetz-
ten geistigen, religiösen und politischen Standpunkte ausei-
nandergelebt; auf der einen Seite der erzkatholische, kon-
servative Oberlehrer, gegenseitig der – nach eigenem Zeug-
nis – „atheistisch an Gott glaubende", liberalhalblinke Bild-
künstler, der sich schon früh und schnell aus dem familiä-
ren Streckverband gelöst, zum offenen Verdruss des Patri-
archen eine Jüdin zur Frau genommen hat, die, zum weite-
ren Vaterzorn, zu den Freigeisterinnen gehört; weshalb
auch nicht ein Familienmitglied an seiner Trauung teilge-
nommen hat, die ohnehin fern der Heimat stattfand.
  Seit Jahren also: nicht aufgetaute Eiszeit, nicht wieder le-
bendig zu machender Gesprächstod; anders gesagt:

Getrennte Galaxien. Nur zu den Geburtstagstagen irgendwann ein kurz geschriebener Gruß.

Jetzt: Vaters bevorstehendes Ende. Aber – was soll es noch bringen: die weite Fahrt, der vermutlich nur kurze, sogar zu späte Besuch? Vaters Lebensende ist – man könnte sagen – längst gebongt... Nein! Dieses Wort musste nicht sein. Im Moment weiß er gar nicht mehr, wie sein Vater aussieht. Er hat ihn seit „100 Jahren", wie er empfindet, nicht mehr gesehen. Aber irgendwo muss eine Fotografie sein.

Warte mal. Ja! Da, im Kasten, eingeklebt in der alten Mappe: Ein lachender junger Vater mit ihm auf einem Kamel im Wüstensand. Er bricht in ein trauerwütendes Lachen aus.

Und schon sitzt er in der Cessna 172, und schon ist er mit dem ICE in seiner Heimatstadt, und schon mit dem Taxi zur Klinik. Wo er auch schon in der Intensivstation steht – vorm Bett des Vaters.

Eine Schwester im weißen Tuch reicht dem Todgeweihten eine Zitronenscheibe. „Nur zum Lutschen. Mehr darf er nicht! Die Lunge ist voll Wasser. Wie vorm Ertrinken hat er sich gefühlt, hat er gesagt, sich, trotz unserer Warnung, die Maske vom Gesicht gerissen, dadurch fast kein Sauerstoff mehr." „Ihr Vater", sagt Doktor Merck, „wäre dadurch fast erstickt. Kardiales Lungenödem, Herzinsuffizienz. Kann mit ihm sehr schnell gehen. Ihre Geschwister haben sich schon von ihm verabschiedet."

Hey, Vater! Sieh her! Ich bin´s! Leider konnte ich nicht ... Quatsch! Du konntest ihn noch nie belügen. Hast ihm immer die Wahrheit gesagt. Sein Vater nickt, als hätte er ihn auch wortlos verstanden, und sieht zu ihm hin. Seine Augen tiefliegend, wie eingefallen, der Augapfel leicht überzogen wie von einem Film. Sein Blick ist in die Weite gerichtet, als ob er bereits über den Horizont hinaussieht, die Gesichtshaut wirkt etwas angegraut, seine Atempausen werden länger.

Papa! Hör, was ich dir sagen will: Unser jahrelanges Schweigen sitzt mir wie ein Schmerzgewicht im Hals. Was geschehen ist – vor allem, was nicht geschehen ist: Ich möchte es widerrufen. Aber: Wie viel Wahrheit steckt in uns, und in dem, was wir nicht sagen können, aber sagen wollen? Das ist die Frage, die ich mir oft stelle. Niemand von uns hat den ersten Schritt getan, das erste Wort gesagt. Vielleicht hätte es geklappt bei einem saftigen Steak und einem Glas *Ihringer Winklerberg...* du trinkfreudiger Kumpan mit deinem damals guten Appetit. Verdammte Scheiße, Alter, warum haben wir uns.... War es das wert?

Der Vater winkt ihn mit dem Kopf zu sich. Der Sohn beugt sich über ihn. „Ich war am Strand... kalter Wind ...geh weg...“ Der Sohn will sich zurückziehen. „vom Wasser weg ... sta ka Sooog ... gefährlich...wo warst du?“... „Bin hier!“... „Komm zurück... komm hierher, Junge!“ „Bin hier, Papa! Sieh´ mich an... noch einmal an!“

Vaters Blick, ein Fernblick, kehrt zum Sohn zurück, wird weich und warm und friedlich...Kein Wort. Nur seine Hand. Greift nach ihm. Hält seine Hand. Drückt sie im leisen Rhythmus seines schwachen Atems. Seine Augen sind jetzt sehr groß und weit. Der letzte Blick, bevor er die Augen schließt.

Dieser letzte Augen-Blick bleibt... ein Leben lang.

Ein Glücksmoment   Mareile Steinsiek

Ein

lindener

Zauber liegt in der Luft.

Die süßlich duftenden Blütensternchen,

gelb und zart, verlocken allerhand schwebende Brummer:

Lautes Summen verrät die fliegenden Sammler des staubigen Blütengoldes.

Leises Krabbeln und Schnabbeln der brandroten Käfer, wie lodernde Feuerflammen

wimmeln und wuseln sie umher, angelockt von den winzigen schmackhaften Früchtchen.

Ein Kleiber im prächtigen Kleid keckert laut vor sich hin, auch er knabbert kopfüberlaufend

von den bräunlich kugligen Nüsschen und versucht, den anderen Vögeln diese weg zupicken.

Die wärmenden Sonnenstrahlen tanzen durchs herzliche Grün hinab bis in mein Gesicht,

sanft beschwingt von der entspannenden Melodie der rauschenden Herzblätterpracht.

Schattenwind um die Nase, die Augen leicht geschlossen; mit zufriedenem Lächeln

im Gesicht, lehne ich am borkigen Stamm, vom kleinen Glück erfüllt.

Mein Sommerlinden

Z
A
U
B
E
R

In den Tiefen der Schönheit   *Wilfried Seitz*

Endlich, nach vielen Jahren war der Makel meiner Kind- und Jugendzeit beseitigt, ein Zahnarzt hatte mit einer neuen Krone meinen, bei einer Rauferei übel beschädigten Schneidezahn wie neu erstehen lassen. In zwei Tagen sollte die MS Persimmon, der schmuckweiße Bananendampfer der Traditionsreederei Ferdinand Laeisz von Hamburg in Richtung Ecuador auslaufen, mit mir als Kochs-Maat an Bord.

Der Umweg von Frankfurt über Oberhausen-Sterkrade nach Hamburg lohnte sich allemal, angesichts der Aussicht auf Omas köstlichen Rheinischen Kartoffelsalat mit mindestens zwei knusprig, golden ausgebackenen, panierten Schweinekoteletts für mich. Opa war vor wenigen Jahren gestorben, die Staublunge! Fast vierzig Jahre hatte er unter Tage im Kohlenbergbau gearbeitet.

Oma gehörte zu den wenigen Deutschen, die noch in der Siedlung wohnte. Immer mehr türkischstämmige Bergarbeiter brachten das schwarze Gold zu Tage, um ihre kinderreichen Familien zu ernähren. Oma Pelagia hatte sich mit ihrer resolut hilfsbereiten Art allseitig Respekt und Anerkennung erworben.

Den Kotelett-Knochen in Hand, nagte ich das köstliche Schweinefleisch herunter. Direkt am Knochen schmeckt Fleisch immer am besten. Dann geschah es. Die Bruchstücke der Krone bröselten aus meinem Mund. Katastrophe! Eine zahnärztliche Notfallambulanz half mit einem Kunststoff-

Provisorium, fest aufgesteckt auf den dunklen Stummelstift. Ich sah wieder einigermaßen manierlich aus.

Dass es nicht die endgültige Lösung sein konnte, merkte ich, wenige Tage später nach Auslaufen aus dem Hamburger Hafen. Bei unserer morgendlichen kleinen Bierrunde der Unteroffiziere in der Kombüse geschah es: Bootsmann, Zimmermann, Storekeeper und ich als Schiffskoch prosteten uns gegenseitig zu. Ein schluckender Zug an der Flasche und mein Hilfszahn verschwand im schäumenden Flascheninhalt. Mit einem Haarsieb löste ich das Problem. Rundum schallendes Gelächter. Dass Tage später bei einem überraschenden Niesanfall das Ding in dem Mehlhaufen für die Frühstücksbrötchen verschwand, erzählte ich vorsichtshalber nicht. Ich musste wirklich sehr lange sieben.

Nach sechzehn Tagen, der Panamakanal lag hinter uns, liefen wir die große Hafenstadt Guayaquil in Ecuador an. Wir lagen auf Reede. Mit einer *Launch*, einem Übersetz-Boot, fuhren wir rüber zur - damals übelst herunterge-kommenen - Hafenpromenade *Malecon*. Jede Menge *Bord-steinschwalben*.

Heini, der schon etliche Reisen als Matrose nach Guayaquil hinter sich hatte, warnte grinsend davor, sich bloß nicht wegen irgendwelcher Wehwehchen behandeln zu lassen. Der Reederei-Agent würde alle Bordkranken umgehend zu Dr. José Hernandez Balzebal überweisen, dieser würde automatisch jeden Notfall mit einer Beschneidung der durchgängig männlichen Patienten verbinden, sozusagen aus hygienischen Gründen. Und das mit dem *Runterholen* wäre dann... Heini brauchte den Satz nicht zu Ende sprechen, alle grölten und bogen sich vor Lachen. „... wie bei den Muslimen!" brummte Kalle, der Schmierer aus der Maschine, um anzufügen: „Mir hat der Dritte auch Penicillin verpasst, nicht mal seiner eigenen Hand kann man mehr trauen!" Jetzt hielten sich alle die Bäuche.

Nachdem unsere Stückgut-Fracht aus Europa in Guayaquil gelöscht war, sollte es weitergehen nach Machala. Um Mitternacht wurden die Leinen losgeworfen. Es ging den Rio Guayas hinunter, auf Steuerbord passierten wir die Isla Puna, um dann genau 180° südwärts den Bananenhafen Machala anzusteuern, den wir schließlich am Nachmittag erreichten.

Im Vergleich zu Guayaquil war Machala wirklich erbärmlich. Bis auf die Wachen in der Maschine und an Deck war für die Besatzung Landgang angesagt. Machala wirkte mit seinen auf Holzpfählen gesetzten verwitterten Holzhäusern am Hafenrand nicht gerade einladend. Über zahlreiche Stege führte uns Heini zielsicher zu einem Neon-beleuchten Etablissement namens **cabra negra**, was Schwarze Ziege bedeutet. Heini stürmte als erster den Laden, dicht von uns gefolgt. „Hola Alemanes" tönte es fröhlich uns entgegen. Sofort fiel mir die große weiße Flagge an der Wand auf mit den roten verschlungenen Schriftzeichen: **FL,** unsere Reedereiflagge! Vielleicht irgendwann mal ein Abschiedsgeschenk einer Crew an die Bar, von dem der Alte nichts wusste, nach schönen Stunden. Drei Weiße an der Theke drehten sich misstrauisch nach uns um: Gringos! Ein kurzer Wortwechsel und nicht ganz freiwillig befanden sich die Drei draußen vor der Tür.

Sofort stand eine ganze Batterie Gläser auf der Theke, nebenbei umarmte Leticia, die Thekenwirtin, unseren Heini. Aus einem Eis-Kübel fingerte sie die Ice-Cubes in die Gläser und füllte mit einem Zug die erste Reihe Gläser bis fast zur Hälfte mit Rum auf, Limettenstücke und CocaCola folgten.

Wir machten es uns auf den Barhockern bequem. Eine der Muchachas zog Kalle mit zur *Wurlitzer* Musikbox. Die Scheibe drehte sich, was erklang? Der *Radetzky-Marsch!* Das war wohl das Begrüßungsritual für uns Marineros Alemanes. Mit der nächsten Vinylscheibe ertönte Cumbia-Musik. Eine der Mädels kreischte: „*La Balandera!*" Dann begannen sie, rhythmisch auf uns zu tanzend, einen nach dem anderen auf die Tanzfläche zu ziehen. Sie stellte sich mit *Maria Mercedes* vor und presste sich ganz eng an mich. Ich blickte in ihre dunklen Glutaugen und glaubte einen zärtlichen, feuchten Flimmer zu erkennen. Von ihr lernte ich die Cumbia tanzen und ihren Duft lieben. Wow! ihren Bewegungen, hautenges Kleid, großer Ausschnitt, ich sah in die Tiefe.

Irgendetwas stimmte nicht. Mit der Zungenspitze suchte ich meine Schneidezähne ab. Er war weg: Mein provisorischer Stiftzahn! Ich schämte mich, presste die Lippen aufeinander. Mercedes Augen blitzten mich an, sie schien zu verstehen. Langsam grub sich ihre Hand in den Ausschnitt, zwischen die prallen Brüste. Wie einen Edelstein zwischen Zeigefinger und Daumen haltend, zog sie ihn ans Tageslicht und zeigte ihn schallend lachend der ganzen, in der Cumbia verschmolzenen, Meute. Timmy der Zimmermann prustete vor Lachen. Angesichts des Schatzfundes wurde ich zur nächsten Runde Cuba Libre verdonnert. Das war mir mein verdammter Stiftzahn und Mercedes wert.

Das Riesenrad

Mona Hartmann

Der Rummel war wie jedes Jahr überfüllt und ich versuchte mir einen Weg durch die dichte Menschenmasse zu bahnen. Meine Freunde und ich hatten uns am Riesenrad verabredet, welches sich in der Mitte des Platzes befand. Die Mittagssonne strahlte mir warm ins Gesicht und kitzelte mich in der Nase. Innerhalb der Menschenmenge war es jedoch stickig und schwitzig, weshalb ich versuchte, so wenig wie möglich Körperkontakt zu den Menschen um mich zu erzeugen. Die meiste Zeit musste ich trotzdem ein „'Tschuldigung" von mir geben, denn ohne die Ellenbogen auszufahren, war das Durchkommen schier unmöglich.

Für einen Augenblick glaubte ich dich in der Menge gesehen zu haben. Deine braunen, wuscheligen Haare. Dein Lächeln. Deine

Bild: Mona Hartmann

große athletische Figur. Aber das war nicht möglich. Ehe ich mich vergewissern konnte, hatte mir schon die Menschenmenge die Sicht verwehrt. Ich drängte mich in die Richtung, wo ich dich vermutet hatte. Ich erinnerte mich noch gut an das letzte Jahr, als wir zusammen hier entlang geschlendert waren.

Jetzt hatte ich dich nicht nur kurz gesehen, nein, ich hörte dein Lachen. Dieses raue, kehlige Lachen, welches nur so aus deinem Mund kommen konnte. Dabei warfst du immer deinen Kopf in den Nacken, hieltest dir den Bauch und kleine Lachfalten bildeten sich um deine braunen Augen. Nur vertraute Menschen konnten dir diesen Laut entlocken und ich war einer davon. Also wo warst du nur? Da! Da war es wieder! Hektisch drückte ich mich an zwei Tischen vorbei und stolperte kurz nach vorne.

Eine Hand griff nach mir. Ja, das war deine! Deine große, warme Hand, welche ich viel zu selten gehalten hatte. Ich blickte auf und freute mich schon in dein Gesicht gucken zu können, vielleicht würdest du wieder einen Witz über meine Tollpatschigkeit reißen. Aber nein, das warst nicht du. Ein älterer Mann hatte mich am Fallen gehindert. Ich nickte, lächelte und bedankte mich.

Nach einer Weile, in der ich versucht hatte dich zu finden, stellte ich mich in die Schlange eines Süßwarenstandes. Noch gut eine viertel Stunde blieb mir, ehe ich mich mit meinen Freunden treffen würde. Nachdem sich die Schlange immer weiter aufgelöst hatte und ich an der Reihe war, bestellte ich. Erst als ich in den rot kandierten Apfel biss, wurde mir bewusst, dass ich genau das bestellt hatte, was du immer genommen hattest. Jetzt wusste ich, warum du mir davon jedes Mal auf dem Rummel einen vorgeschwärmt hattest.

Auf dem Weg in die Mitte des Rummelplatzes drängte sich ein junger Mann an mir vorbei. Er stieß mich leicht an, entschuldigte sich aber daraufhin sofort. Für einen kurzen Moment stieg mir dein Geruch wieder in die Nase. Ich drehte mich einmal um die eigene Achse, konnte dich aber nirgends wahrnehmen. Dennoch folgte ich deinem Duft. Das war genau dein Geruch, du musstest hier sein. Ich ging immer weiter, dem Sinn meiner Nase folgend.

Als ich das Riesenrad vor mir aufragen sah, wurde mir klar, dass genauso wie sich das Riesenrad drehte, so ging auch unser Leben weiter, mit kleinen Stopps, ehe es nicht mehr weiter ging. Und dein Rad drehte sich nicht mehr, es war zum Stehen gekommen.

Als ich näher an das Riesenrad herantrat, sah ich meine Freunde und wusste, dass sie dich immer noch genauso sehr vermissten, wie seit dem Tag, an dem du aus unserem Leben gerissen wurdest.

Eines Tages werden wir uns wiedersehen und bis dahin werde ich dich weiterhin jeden Tag vermissen. Diese winzigen Augenblicke gehörten uns.

Letzter Augenblick   Nevena Radeva

Die Lider fallen langsam zu,
hinterlassen ruhig das Gesicht.
Sanfte Stille hüllt den Atem ein,
keinen Hauch vernimmt das Ohr.
Ein Augenblick? War dies das Leben?
Verfließt es ohne ein Zurück?
Ein letzter Blick,
verstohlen, streift die Augen,
darin die Ewigkeit versteckt.

Dunkle Augenblicke Wilfried Seitz

Vorigen Monat sind Mona und Thomas Sendler in das gelbe Mietshaus eingezogen. Noch nie hatten sie mit ihrem Mietnachbarn Udo Deppe gesprochen. Er wohnt oben in der Dachmansarde.

Als die Beiden erschöpft und gestresst vom Wochenend-Einkauf um die Hausecke kommen, um zur Eingangstür zu gelangen, sehen sie Udo Deppe hinten in der Raucherecke, am Eingang zum Fahrradkeller, stehen. Er scheint sie nicht zur Kenntnis zu nehmen.

Ziemlich genau alle zwanzig Minuten kommt er herunter. Bereits im Treppenhaus nestelt er eine seiner selbst gedrehten Zigaretten aus der Tasche und steckt sie sich zwischen die schwarz-gelben, schadhaften Zähne. Noch bevor er das Haus verlässt, ist das Klicken seines Feuerzeuges zu hören. Es sind nur wenige Meter bis zur Carport-ähnlichen Raucherecke des Mietshauses. Dann steht er da: Mager, in ausgebeulten, grauen Turnhosen und nur mit Unterhemd bekleidet. Ein Bein ist angewinkelt mit dem Fuß auf dem billigen Campingstuhl. Den Unterarm stützt er auf dem Oberschenkel, in der schlaff hängenden Hand, baumelt die filterlose Zigarette. Auf dem Plastik-Tisch steht ein angeschlagener Keramikbecher, halb gefüllt mit Wasser und überquellend mit stinkenden Zigarettenstummeln.

Mit seinen dunklen, fast schwarzen Augen blickt Udo beim Rauchen ins Leere. An was mag er wohl denken? Udo ist Mitte vierzig, er arbeitet nichts. Hin und wieder besucht ihn eine Betreuerin. Auch sie raucht Kette wenn sie sich unten im Garten besprechen. Jeder, der Deppe nicht näher kennt, würde zurückschrecken vor dessen finsterem Aussehen. Rauchen ist in den Apartments nicht gestattet. Nachdem Deppe seinen letzten Zug gemacht hat, drückt er die Zigarette aus, gefolgt von einem keuchend harten Raucher-Husten. Den Schleim spuckt er auf den Rasen. Der Rauchertag beginnt spätestens um fünf Uhr morgens und endet oft erst um zwei Uhr nachts.

Es ist die Wohnung der Sendlers, die direkt oberhalb der Raucherecke liegt. Bei geöffnetem Fenster registriert Thomas Sendler den Zigarettenqualm deutlich in der Nase, dann schließt er demonstrativ das Fenster. Deppe scheint es egal zu sein. Sendler spürt dabei innerlich Unmut, ja Wut aufsteigen, er ist nicht der Typ, der gleich Ansagen macht. Thomas Sendler geht Konfrontationen gerne aus dem Weg.

Schlecht gelaunt holt Thomas Sendler eines Morgens, wie immer, die Tageszeitung rein. In den letzten Tagen war der *Run* beim nächtlichen Poker *am PC* super. Thomas Sendler fühlt sich als Profi, die vorwurfsvollen Blicke von Mona am Morgen ignoriert er. Zwischen zweiundzwanzig und vier Uhr morgens ist nun mal die beste Zeit für Internet-Poker, wegen der Zeitverschiebung mit den Amis. Er setzte achthundert US-Dollar, Pech gehabt und dann noch die Autoreparatur.

Noch an der Wohnungseingangstür mit der Zeitung in der Hand hört er aus dem Schlafzimmer Mona: „Tommy, da zieht wieder der Zigarettenrauch ins Zimmer!". Jetzt reichte es ihm!

Sofort stürmt er aus dem Zimmer. Kaum am Hauseingang angekommen, blafft er Udo Deppe an: „Hören Sie mal, so geht es aber nicht...!" Noch bevor Thomas Sendler den Satz zu Ende bringen kann, geht Nachbar Deppe, ohne ein Wort zu sagen, um die Hausecke um weiter zu rauchen. Von da ab verdrückt sich Deppe zum Rauchen immer um die andere Haus-Ecke, wenn er das Fenster der Sendlers offen sieht.

Als Mona Udo Deppe zufällig einmal an der Hausecke beim Rauchen antrifft, spricht sie ihn an: „Herr Deppe, ich danke ihnen herzlich, dass sie Rücksicht auf uns nehmen." Mit den Worten: „Wie geht es ihnen?", blickt sie Udo Deppe freundlich in die Augen. Aus Deppes dunklem, wilden Gesicht kommt zögernd und unsicher: „Daanke, guut!"

Mona setzt nach: „Wir wohnen ja schön hier mit dem ganzen Grün herum." Schleppend kommt es wieder lang gezogen zurück: „Jaa, is gaanz guut!" Mona lässt nicht locker: „Ich glaube, wir bekommen die nächsten Tage richtig schönes Wetter!" Stockend und unsicher Deppe: „Jaa, das Wetter sieht guut aus, haat jaa laange genuug geregnet!" Mit einem: „Lassen sie es sich gut gehen!" verabschiedet sich Mona. Mit einem langen, sinnierenden Blick schaut Udo Deppe Mona nach.

In diesem Augenblick ist es Mona gelungen, mehr als zwei Sätze mit Deppe zu sprechen. Überraschend unsicher und scheu kamen seine Worte. Keine Spur von Ärgernis über den versagten Raucherplatz. Diese Art von Zuwendung war Udo Deppe offensichtlich nicht gewohnt.

Wenige Tage später kommen Tomas und Mona Sendler mit einer anderen Mitbewohnerin des Hauses, der sehr korpulenten und resolut auftretenden Marina Graf, ins Gespräch. Marina Graf wohnt schon viele Jahre im Haus und über Udo Deppe weiß sie viel zu berichten:

Udo Deppe kam Anfang der achtziger Jahre unehelich auf die Welt. Den Vater hatte er nie kennen gelernt, er soll angeblich nicht mehr in Deutschland leben. Aus einer früheren Ehe brachte Udo Deppes Mutter Herta zwei Kinder mit. Udo war unerwünscht, aber eine Abtreibung kam für die Mutter nicht in Frage, ob es die Hoffnung war, mit dem kleinen Udo den Vater zu binden oder es andere Gründe gab, war nicht auszumachen. Als Udo mal ein Foto fand, auf dem ein dunkelhaariger Mann seine fröhlich lachende Mutter an einem Strand in den Armen hielt, fragte er, wer denn der Typ sei. Lapidar bekam er die Antwort: „Das ist Julio!" Jedenfalls blieb die Mutter mit den drei Kindern allein. Udo musste die alten Sachen seiner Geschwister auftragen. Stand eine Klassenfahrt an, meldete die Mutter Udo in der Hauptschule krank. Das Fahrtengeld konnte sie nicht aufbringen. Die Sozialhilfe stockte sie mit Telefon-Heimarbeit auf. Sie probierte alles vom Anbieten von dubiosen Versicherungsverträgen bis zu Telefonsex. Herta verstand es meisterhaft zwischen dem Telefonat und ihrer persönlichen Wirklichkeit zu *switchen*. Ihren männ-

lichen Telefonkunden gab sie mit ihrer fröhlich aufgepepp-
ten und direkt zugewandten Stimme das Gefühl, als müss-
ten sie diese Frau unbedingt kennenlernen. Herta hatte ein
untrügliches Gefühl, was Männer lieben, manchmal schob
sie sogar ein Kompliment in ihr erotisches Geflüster, wie:
„Darf ich Dir mal was sagen? Deine Stimme klingt sehr
angenehm!" Das half dem Deal meist auf die Sprünge.

Kaum dass sie aufgelegt hatte, murmelte sie meist was
wie: *Arschloch, Wichser, Idiot...* um sich dann hastig eine
Zigarette anzuzünden. Dann nahm sie sich nächste
Telefonnummer vor. Udo blieb oft sich selbst überlassen.
Billiges Spielzeug und später die Spielkonsole sollte ihn
beschäftigen. Schon im Kindergarten wurde er wegen
seiner langsamen, mühseligen Sprechweise gehänselt und
nachgeäfft. Nach wenigen Wochen in der Grundschule
wurde er zurückgestellt. In der Hauptschule war er der
Underdog. Der Mutter gelang es, Udo nach dem
Hauptschulabschluss in einem Baugeschäft unterzu-
bringen. Udo lernte Maurer, bestand die Gesellenprüfung,
und war dann *auf Kolonne* arbeiten. Der Mutter gab er jeden
Monat dreihundert D-Mark Wohngeld. Seit seiner
Berufsschulzeit hat er „*seine Familie"* in einer Clique mit
Gleichgesinnten gefunden. Die Clique war sein Anlaufpunkt
abends und an den Wochenenden. Anfangs knatterten sie
auf ihren Boards durch die Fußgängerzone, dann zockten
und soffen sie immer mehr und hingen einfach nur rum.
Nicht lange nach seiner Gesellenprüfung ging die Baufirma
in Konkurs. Ein Bauspekulant zahlte nicht, die Baufirma
war nicht mehr liquide, das war auch das *Aus* für Deppes

Arbeitsplatz. Mit Hilfs- und Schwarzarbeiten hielt er sich über Wasser. Noch wohnte Udo Deppe bei der Mutter. Er versuchte ihr aus dem Weg zu gehen, Geld konnte er ihr schon lange keines mehr geben. Er hatte ihre Leier und ihr Gejammer über ihn satt. Seine beiden Stief-Geschwister waren schon ausgezogen. Bei einem der häufigen Streits fiel der Satz: „Hätte er Dich doch damals lieber ersäuft in der Badewanne, Dein Erzeuger!" Dieser Satz setzte sich in Udo Deppes Hirn wie ein Krebsgeschwür fest.

Ein gutes Jahr nach dem Mauerfall 1989 plante seine Clique einen Wochenend-Trip nach Berlin. Mal was richtig abziehen, raus aus der piefigen Kleinstadt im katholischen Eichsfeld. Es hatte sich herumgesprochen: die Szene in Berlin boomt, vor allem im Osten. Illegale Klubs in den Hinterhöfen, heiße Szene. Zunächst landeten sie im *FarOut* am Kurfüstendamm. Dann zogen sie weiter in den Ostteil. Im Bauschutt übersäten Grenzstreifen fanden sie den *Tresor,* den legendären Klub. Siggi, der Cliquenboss, hatte den Tipp für den Schuppen bekommen. Der *Dancefloor* war dickepalle voll. Harte maschinelle Musik dröhnte im *Tresor.* Der Laden hatte in der Tat im alten Stahlbetonwand-gesicherten Tresorraum des *Wertheim-K*aufhauses aufge-macht. Es gab nichts an Dekoration außer Hunderten von aufgebrochenen, teilweise vollgemüllten Schließfächern. Kondenswasser tropfte von der Decke. Die zuckende Menge, Trockeneis-Nebel, falls man überhaupt was sah: Rote Köpfe mit geweiteten Pupillen, nackte Oberkörper, knutschende Männer, Frauen mit Glatzen, eng verschlungene Gruppen, die sich gegenseitig kraulten. Die harten Schläge der Bassdrums heizten die Ostberliner Hooligans ein, Ex-Breakdancer, Post-Punks aus der Schöneberger Schwulenszene mit Kreuzberger Hausbesetzern.

Udos Clique zog weiter durch die halbverfallenen Hinterhöfe mit den einschlägigen Läden der neuen Techno-Szene. Mit dem Spruch: Hey Jungs, wollt ihr was erleben? schleppte sie ein krass tätowierter Typ ab. Sie wussten nicht mehr, wo sie waren und was sie nahmen. Udo probierte alles, er wollte cool sein. In der versifften Toilette fanden ihn die Kumpels, er war nicht mehr ansprechbar. Am nächsten Morgen wachte Udo in der *Charité* auf. Einen Tag später kam die Mutter. Die Haare fettig und strähnig, verweintes Gesicht, das gebrauchte zerfledderte Tempotaschentuch vor der Nase.

Udo kam nicht mehr auf die Beine. Er brauchte einfach was zum *Einwerfen*. Er hatte neue Kumpels.

Sie fuhren zu Techno-Parties. Mit der harten Musik und dem Stoff schwelgten sie Stunden im Gefühl fröhlicher Großartigkeit.

Es war sein 22. Geburtstag, sie feierten in Hannover. Mit einem *Happy Birthday* schenkte ihm der Dealer einige Ecstasy-Pillen. Wieder zu Haus schaute Udo in den Spiegel. Sein rechtes Auge sah seltsam starr aus: Udo konnte sein Lid nicht mehr schließen. Die rechte Gesichtshälfte sackte schlapp und taub herunter, aus dem Mundwinkel troff der Speichel. In der Szene sprach sich der gepanschte Stoff rum.

Udo war nicht der einzige mit einer *hängenden* Fresse, wie sie es nannten. Der Stoff enthielt das Rattengift Strychnin. Dann begann Udo das *braune Pulver* zu sniffen. Die Mutter schmiss ihn raus. Er wusste nicht wohin. Die *Caritas* verhalf ihm zu einer Therapie. Die Sozialarbeiterin fand für ihn die kleine Ein-Zimmer-Wohnung in dem billigen Wohnkomplex am Stadtrand. Den Alkohol hat er überwunden, die Zigaretten brauchte er noch.

Vor dem Mietshaus führt ein Feldweg in Richtung eines kleinen Wäldchens. An den Wochenenden ziehen bei schönem Wetter Familien an Udo Deppe vorbei, wenn er raucht. Die Eltern schwatzen, hell schallen die freudigen Rufe der Kinder zu Deppe hinüber. Dann steigt das Dunkle, Schwere in Udo Deppe hoch, schnell steckt er sich eine zweite Zigarette an.

Blickkontakt

Marah Baer

"Guck mich an, Thomas! Ich will, dass du mir in die Augen siehst."

Thomas Blick war auf seine Schuhe geheftet, auf die zwei Tigerenten an den Enden der dunkelblauen Klettstreifen. Ihnen konnte er in die Augen sehen. Augen aus schwarzer Farbe und Plastik. Tote Augen. Sichere Augen.

Seine Mutter kniete sich vor ihn. Er konnte ihre schwarzen Strumpfhosenknie sehen. Thomas mochte Knie. Knie anzugucken tat nicht weh. Er spürte, wie sich die Hand seiner Mutter um sein Kinn schloss und kniff die Augen zu. Keinen Augenblick zu spät. Schon wurde sein Kinn nach oben gezogen.

"Bitte Thomas. Schau mich an. Wir haben doch darüber gesprochen. Du musst lernen, den Menschen in die Augen zu schauen. Das ist wichtig."

Thomas schüttelte den Kopf, aber mit der festen Hand an seinem Kinn bewegte er sich dabei kaum. Augen waren gefährlich. Er wusste nie, was er sehen, was er fühlen würde.

Nicht alle Augen taten weh. Das Mädchen von gegenüber, Marie, hatte schöne Augen gehabt. Wenn er ihr in die Augen gesehen hatte, dann hatte er gesehen, wie sie an ihrem letzten Geburtstag ihr Kaninchen Hannibal bekommen hatte. Aber seit sie vor ein paar Wochen aus dem Urlaub zurück gekommen war, hatten ihre Augen sich verändert. Statt Geburtstag, Glück und weichem Kaninchenfell schlug ihm aus diesen Augen nun Wasser entgegen, dass in die Nase eindrang, hektische Bewegungen, die nichts veränderten, die panische Angst, zu ertrinken tief im Brustkorb, die immer größer wurde, je weniger die Luft noch blieb.

In den Gesprächen der Erwachsenen war Marie jetzt "das arme Kind", "wäre fast ertrunken, das arme Kind". Thomas war froh, dass Marie nicht ertrunken war. Denn sie spielte auch gern mit Legos und es machte ihr gar nichts aus, wenn er ihr dabei nicht in die Augen sah.

"Tommy. Bitte. Tu es für mich. Nur ganz kurz."

Er mochte es nicht, wenn die Stimme seiner Mutter so klang. Flehend, voll Sorge und Traurigkeit. Es war so gut wie unmöglich, nicht zu tun, was diese Stimme von ihm wollte. Also öffnete er die Augen.

Und der Schmerz hüllte ihn ein wie eine dicke Wolke. Er spürte ihn, als wäre es seiner. Den Verlust des Babys, das gestorben war, bevor es ihn gab, aber immer noch da war, tief in den Augen seiner Mutter. Ein Lächeln zog sich über das Gesicht seiner Mutter und sie umarmte ihn stürmisch. Thomas klammerte sich an sie und weinte in den weichen Pullover.

"Augen sind die Fenster zur Seele", sagten die Erwachsenen manchmal und hielten es dabei für einen abgedroschenen Spruch. Für Thomas dagegen war es die gnadenlose Realität.

Der alte Saal   Ruth Finckh

Er schlägt die Augen auf,
verwundert,
der alte, vergessene Saal
beim Gasthaus inmitten des Dorfes.
Erwacht
durch uns und das Licht und das Lachen, den Klang
unserer Schritte auf seinem
alten, geduldigen
Holz, tanzt er
mit uns, spielt mit uns,
schaut
uns an aus freundlich zwinkernden
Lampenaugen, er schweigt
in den Tiefen staubiger Winkel, er lächelt
aus Fensterritzen, die tiefe Bühne,
seit Jahren
ungenutzt, breitet wartend
die hölzernen Arme
aus.

Sekunden des Glücks Manfred Kirchner

Weit bin ich gereist, im Sommer 1971, so jedenfalls habe ich es empfunden. Erstmals allein auf eine lange Reise, heraus aus der kleinstädtischen Geborgenheit. Mehrfach umgestiegen. Vom Bus in die Bahn, von Bahn zu Bahn, von Bahn in den Bus.

Northeim

Pünktlich fährt er ein, der Schnellzug nach Hamburg. Zugbremsen quietschen. Menschen steigen hastig aus, eilen davon. Andere werden empfangen, umarmt, geküsst, Freudentränen in den Augen. Und schon rollt er weiter, der Zug, gezogen von einer kräftigen Elektrolok. Winkende Menschen bleiben am Bahnsteig zurück, mit traurigem Blick. Wiesen und Felder fliegen vorüber, Dörfer und Städte. Und dann immer wieder Halte. Bahnsteigszenen wiederholen sich.

Hamburg

Zum ersten Mal in einer Großstadt. Dieser riesige Bahnhof. Hastende Menschen. Alle laufen durcheinander. Verschwinden auf Bahnsteigen, über Treppen oder in der Dunkelheit von Gängen. S-Bahnen fahren ein, spucken Menschenmassen aus. Wartende drängen in die eingefahrenen Züge. Ich habe noch 23 Minuten, um dieses Treiben zu beobachten. Fasziniert folge ich ihm: neu und fremd. Menschen schauen mich fragend an, suchen. Nein, ich werde hier nicht erwartet.

Bahnsteig 5: Von dort fährt der Bummelzug nach Lübeck. Planmäßige Abfahrt um 18.46 Uhr. Eine alte Dampflok zieht etwa fünf Minuten vor Abfahrt die Waggons langsam in die Bahnhofshalle, speit Rauch und Wasserdampf in die Kuppel des Bahnhofs. Auch hier: pünktliche Abfahrt und wieder winkende Menschen am Bahnsteig. Die Lokomotive schnaubt mühsam von Bahnstation zu Bahnstation. Ahrensburg, Bargteheide, Bad Oldesloe, Reinfeld. Wann bin ich endlich in Lübeck? Endlos erscheint mir die Zeit.

Lübeck

Es dämmert schon, als der Zug in den Bahnhof in Lübeck einfährt. Der Bus nach Timmendorfer Strand wartet bereits vor dem Bahnhof. Nur wenige Reisende steigen mit mir ein. Es ist dunkel, als der Bus losfährt, durch die beleuchteten Straßen Lübecks. Dann immer weniger Straßenlaternen und nur vereinzelt Scheinwerfer von entgegenkommenden Fahrzeugen. Büsche und Bäume sind dunkle Schatten, die vorüberziehen. Einige Haltestellen am Straßenrand oder in Dörfern. Reisende steigen aus, hasten davon. Ich sitze nur noch allein im Bus.

21.05 Uhr, Timmendorfer Strand, Busbahnhof:

weich fällt Licht auf dich
hell stahlen deine Augen
Sekunden des Glücks

Zur Ausstellung "Face the Fact"

Strenger Gelehrter oder verwirrter Professor, menschenrettender Superheld oder Mad Scientist: gesellschaftliche Vorstellungen von Wissenschaftlerinnen und Wissenschaftlern sind vielfältig und divers. Auch an Universitäten wurden seit jeher Portraits ihres Personals angefertigt, ausgestellt und gesammelt. Solche Portraits geben Auskunft darüber, wer in der jeweiligen Institution als dazugehörig gilt. Sie sind geprägt durch die jeweils herrschenden Ideale von Wissenschaftlichkeit und spiegeln das Selbstbild von Gelehrten ebenso wider wie das der Universität.

Die Ausstellung »Face the Fact« wurde von der Zentralen Kustodie und der Kunstsammlung gemeinsam mit Studierenden konzipiert. Sie zeigt anhand des reichen Portraitbestands der Universität Göttingen Kontinuitäten und Veränderungen in der gelehrten und universitären Selbstrepräsentation.

Gern haben Autoren der Schreibwerkstatt der UDL die Einladung der Uni angenommen, zu den Ausstellungsobjekten Texte unter dem Oberbegriff „Augenblicke" zu schreiben und diese Texte (siehe Seiten 172 – 186) im Rahmen der Finissage den Besuchern vorzustellen.

Für freundliche Unterstützung danken die Autoren Christian Vogel (Zentrale Kustodie Göttingen).

Dialog mit Abraham Gotthelf Kästners Ölbild

Ruth Finckh

Kästner (Sinngedicht in seiner Hand auf dem Gemälde):
Sorgt ja, dass auch von euren Zügen
ein gutes Bild der Nachwelt übrig ist:
So sieht sie euch: Autoren! mit Vergnügen,
wenn sie euch lange nicht mehr liest.

Ich:
Herr Kästner, Eure Weisheit scheint zu taugen:
Ich sah das Ölbild und ich mochte euren Blick.
Nun steh ich hier und red mit Euren Augen
und wünsche mich in Eure Zeit zurück.

Kästner:
Ich glaub dir nicht, was du mir da erzähltest.
Du schaust mein Bild kaum mit Vergnügen an.
Jedoch, dass du mein Sprüchlein dir erwähltest
und gerne last, das seh ich deiner Miene an.

Professoren-Porträtgalerie   Ruth Finckh

Da schaut ihr mich an,
Reihe um Reihe,
müd und ergeben
aus schwebendem Dämmer,
in lastenden Roben,
perückenbemützt.
Nur manchmal schiebt sich
unvermutet
der Vorhang auf: aus dunklen Augen
blitzt
ein Funkeln
den Firnis entzwei

Foto: K. Heck

Dorothea-Schlözer-Büste   Ruth Finckh

Elfenbeinweiß,
gelehrte Jungfer,
starrt sie nach oben
ins kalte Licht.
Hoffnungslos wartet
der kleine Mund
auf das Ende der
Fragen.

Universität Göttingen, Foto: K. Heck

Der Traum

Im Vorbeigehen streift mein Blick ein Poster. Zuerst schaue ich nur kurz darauf. Eigentlich will ich meinen Blick auch gleich schon wieder abwenden, aber irgendetwas hält mich zurück.

Ich halte doch noch kurz inne und betrachte das Poster genauer.

Die Person darauf lacht mich an. Ihr Gesicht strahlt förmlich auf diesem dunklen Hintergrund.

Wer ist das? Ein Name steht dabei. Er sagt mir zwar nichts, aber die Bezeichnung Professor Doktor macht doch schon einen großen Eindruck auf mich. Wer solch einen Titel trägt, muss ein unheimlich breites Wissen haben.

War ich nicht eben noch froh, mein Abitur bestanden zu haben?

Könnte ich mich jemals mit solch einer Doch ihr Bild wirkt nicht so abgehoben, wie es die Titel vermuten lassen. Ganz im Gegenteil.

Es sind ihre leuchtenden Augen, die mir sagen wollen: „Ich bin ein Mensch wie du!". Es ist ihr Lächeln, das mir sagen will, „Probier es auch. Du schaffst es bestimmt.".

Es wirkt als wolle sie mir Mut machen, meinen Träumen zu folgen.

Als würde sie mich mit einer hochgehaltenen kleinen Schreibtafel zu sich winken.

Die Tafel, die sie hoch hält, erinnert mich an das Schild eines Tourguides.

Der gab auch immer die Richtung vor. Du folgst ihm durch neues, unbekanntes Terrain und erweiterst dabei mit jedem Schritt deinen Horizont.

Bild: Öffentlichkeitsarbeit Universität Göttingen / Klein und Neumann

Könnte das Poster in diesem Moment zu mir sprechen, was würde die Person darauf wohl sagen? Vielleicht so etwas wie: „Komm. Folge mir. Hab nur Mut. Ich leite dich an."

In mir beginnt ein lang erloschenes Feuer wieder zu brennen.

Erst ist es nur ganz klein.

So klein wie es zuletzt war, als mein Vater jegliche Hoffnung auf die Verwirklichung meiner Träume zerstört hatte.

Damals sagte er zu mir, ich solle aufhören zu träumen. Es würde ja doch nichts bringen.

Doch diese Person ist mit Sicherheit ihren Träumen gefolgt und hat es geschafft.

Wenn diese Person es geschafft hat, wieso dann ich nicht auch?

Dieses Bild hat den Traum von neuem entfacht.

Eigentlich war er nie weg. Ich hatte diesen Traum nur ganz tief in meinem Herzen begraben, vergessen konnte ich ihn aber nie.

Jetzt, wo ein Blick auf ein Poster diesen Traum wiedererweckt hat, ist er stärker als jemals zuvor.

Ich will das Feuer am Brennen halten und meine Chancen nutzen.

Denn dann werde ich auch eines Tages auf solch einem Plakat stehen!

Nicht nur dem Augenblick Gerhard Diehl

Dass es diesmal nicht einfach werden würde, hatte Conrad vom ersten Augenblick an gewusst. Bereits als die Anfrage der Universität kam, ob er bereit sei, den Herrn Hofrat Büttner, ordentliches Mitglied der Königlichen Societät der Wissenschaften zu Göttingen, in einem repräsentativen Ölbild darzustellen, hatte er es geahnt. Er war weiß Gott kein Anfänger mehr und hatte schon den ein oder anderen merkwürdigen Auftraggeber gehabt. Aber wenn man dem Klatsch und Tratsch glauben durfte, der unter Studenten und in der Stadt kursierte, dann war dieser Büttner gewiss kein einfacher Mann.

Und ganz so war es dann ja auch gekommen, denn natürlich konnte er den lukrativen Auftrag nicht ablehnen. Vielleicht würden sich ja weitere anschließen.

Kaum hatte ihn der Bedienstete in das Arbeitszimmer des Gelehrten geführt – übrigens bis zur Decke und in den letzten Winkel mit Büchern und allerlei merkwürdigen Dingen vollgestopft, wie er nur aus dem Augenwinkel wahrnehmen konnte – war Büttner aufgesprungen, hinter seinem Tisch hervorgekommen und hatte sich in seinem blauen Rock mit Goldborten vor ihm aufgebaut. Unvermittelt hatte er ihm ins Gesicht geschaut, fragend, prüfend. Conrad fühlte sich taxiert. Die kleinen, lebendigen Augen wanderten, von einem fast überlangen Nasenrücken getrennt, an ihm herunter, blieben auf seinen Händen ruhen, dem Skizzenblock, kamen schließlich wieder im Gesicht an.

Das war eine vollkommen neue Erfahrung für den Maler. Denn normalerweise war er es, der sein Gegenüber beobachtete, mit den Augen vermaß. Aber weit kam er mit seinen Überlegungen nicht.

„Versteht Er denn sein Handwerk auch, Westermeyer?" stieß die skeptische Frage auf ihn herunter. Conrad nickte automatisch, wollte Luft für eine Erwiderung holen, kam aber nicht weit, denn der alte Hofrat setzte sofort energisch nach. „Kennt Er sich aus mit der Portraitkunst unserer Tage? Hat Er sich die alten Herren im Konzilienhaus angeschaut? Bei aller Ehrfurcht vor den großen Kollegen, aber so etwas Steifes wie diese vierzig brauchen wir nicht mehr." Conrad nickte wieder. Der Professor erwartete offensichtlich keine Antwort. Wie in einem Kolleg fuhr seine Stimme fort. „Hat Er sich schon einmal das neue Portrait von diesem Asch angeschaut? War mal Student hier, ist jetzt ein wichtiger Mann in St. Petersburg. Er hat uns im letzten Jahr sein Bildnis geschickt. Der zeigt uns gleich mit seiner Medaille, um was es geht. So wollen wir es machen!"

Erwartungsvoll schaute Büttner ihn wieder an. Conrad grunzte unwillkürlich. Natürlich kannte er das elegante Portrait des mit einundfünfzig Jahren jugendlich wirkenden russischen Generalstabsarztes. Aber was hatte Büttner sich wohl vorgestellt? Erst jetzt bemerkte er, dass der blaue Rock des Fünfundsechzigjährigen energisch gebürstet worden war, auch die Knöpfe schienen sorgfältig poliert. Frisch gestärkt strahlte das weiße Jabot. Die Perücke leuchtete hell, schien eben gepudert.

Conrad musste schlucken. Auf was hatte er sich hier nur eingelassen? Fragen schossen ihm durch den Kopf. Er fühlte erste Schweißperlen auf seiner Stirn. Sein Gegenüber blieb vollkommen ungerührt. Mit den Worten „ich habe da schon etwas vorbereitet" griff er in ein Regal neben dem Schreibtisch und angelte mit seinen langen, sorgfältig gepflegten Fingern eine kleine hölzerne Lade hervor, die mit einem Tuch bedeckt war. Er stellte sie auf den Schreibtisch und lächelte verhalten. „Denk Er nur an die alten Bilder. Nur ein Mann im Talar. Was ist das schon? Einer wie der andere. Ein kurzer Blick und das Auge gleitet weiter zum nächsten, gelangweilt. Nehm Er das Bild vom Asch. Eine Medaille und im Schatten das Zeug auf dem Tisch. Wer wird sich daran erinnern? Die Leistungen von Jahrzehnten, in einem Augenaufschlag ein ganzes Gelehrtenleben? Ein Augenblick statt der Ewigkeit?"

Kurz hielt Büttner inne, selbstzufrieden schlug er den Stoff über dem Kästchen zurück, gab den Blick auf den Inhalt frei. Auf blauem Samt lagen dort allerlei Dinge. Conrad erkannte eine kleine Waage, Münzen, einen Zirkel neben einem Zettel mit wunderlichen Schriftzeichen, einen schwarzen, matt schillernden Käfer und – er glaubte, seinen Augen nicht zu trauen – eine bläulich vollreife Pflaume. Was wollte dieser Mann von ihm? Hatte er es mit einem Verrückten zu tun?

Büttner fuhr in seinem Dozieren fort. „Mein Bild aber wird mit diesen Gegenständen und Seiner Hilfe" – erwartungsvoll ruhten seine Augen wieder auf dem Maler – „die Betrachter festhalten. Es wird ihre Augen fesseln, ihre

Köpfe dauerhaft in Beschlag nehmen!" Er hielt bedeutungsvoll inne. „Ich sehe bereits in Seinen Augen, dass es so kommen wird. Er fragt sich doch, was diese Dinge ihm sagen sollen, nicht wahr? Ihm will ich helfen: Die Pflaume hier z.B. stammt von einem fünfundsechszigjährigen Baum. Er trägt noch Frucht, so wie auch mein Geist in diesem Alter noch wissenschaftliche Früchte hervorbringt." Er lächelte, und klang nun ein wenig eitel. „So wie Er werden sie aber alle schauen, werden verharren vor meinem Bild und versuchen, das Bild und damit mich zu entschlüsseln. Memoria aeterna! Versteht Er das? Ewige Erinnerung!" Er schien weiterhin keine Antwort zu erwarten. „Nicht nur dem Augenblick! Denk Er über meine Worte nach!" Büttner läutete seinem Bediensteten und wandte sich, ohne Conrad noch einmal anzuschauen, wieder seinem Schreibtisch zu. „Meine Zeit ist heute knapp bemessen. Komm Er morgen zur selben Zeit, dann erkläre ich ihm das alles hier in Ruhe und werde ihm auch die Komposition erläutern. Ich verlasse mich auf ihn!"

Innerlich seufzte Conrad Westermeyer, während er sich auf auf den Heimweg machte. Kopfschüttelnd trat er auf die Straße. Doch plötzlich musste er grinsen. Da war es wieder, dieses Kribbeln im Nacken, dieser untrügliche Vorbote des Gelingens.

Der kluge Kopf mit scharfem Blick   Mareile Steinsiek

Ich stehe vor der Tür. DER Tür, vor der es uns allen graut. Es ist die Tür unseres Professors, der in unserer Kleinstadt Göttingen sehr bekannt ist. Er ist der Schlauste auf seinem Gebiet, dem Gebiet der Mathematik, und schrieb Bücher, die jeder von uns in seinem Regal stehen hat. Den Inhalt verstehen wir kaum, aber es macht schon was her, wenn man „einen Hilbert" im eigenen Zimmer stehen hat.

Was wird er sagen, wenn ich anklopfe? Soll ich zwei- oder dreimal klopfen?

Und wie wird er reagieren, wenn ich erst die Tür öffne und von meiner Entdeckung erzähle? Ich, ein unbekannter, unscheinbarer Student des mittleren Semesters. Mein Herz rast, der Schlag lässt meinen ganzen Körper unangenehm beben. Ein feuchter Schweißfilm bildet sich auf meiner Hand und lässt mein Papier zwischen den Fingern zerknittern.

Ich habe zu Frieda gesagt, dass es mir heute nicht gut gehe, als sie mich fragte, ob wir die letzte Vorlesung noch einmal durchgehen wollten. Wenn sie wüsste, dass ich vor seiner Tür stehe … sie würde bestimmt nicht mehr mit mir reden. Wer geht schon freiwillig zum Professor!

Ich merke, dass meine Gedanken abschweifen, langsam drückt mein rechter Fuß. Ich atme einmal tief ein – nehme meinen Mut zusammen und klopfe dreimal.

Nichts geschieht.

Ich konzentriere mich so sehr auf die gewohnte raue Stimme von innen, dass ich erst langsam merke, wie mir die

Röte ins Gesicht steigt. Soll ich nochmal klopfen? Ja, sonst wäre alles umsonst. 21, 22, 23. Jetzt.

Ein kräftiges „Herein!" durchbricht die Stille und lässt mein Herz noch ein bisschen schneller schlagen. Mit aller Kraft drücke ich gegen die schwere Eichentür und da sitzt er und schaut mich interessiert an. „Entschuldigen Sie bitte die Störung, Herr Professor", meine Stimme ist kräftiger als gedacht. „Ja?", fragt er mit freudelächelnden Augen. Er nimmt seine Brille in die Hand und ich merke, dass ich diese Pause nicht herauszögern sollte. „Ich habe eine Lösung auf Ihre Frage." Mein Herz überschlägt sich beinahe, als er mich mit einem durchbohrenden Blick mustert. Ist da Skepsis, Verwunderung, Neugierde oder gar etwas Arrogantes in seinem Blick? Meine sonst so geschulten Augen können seine nicht deuten. „Welche Frage?", entgegnet er mir stirnrunzelnd. „In der vergangenen Vorlesung haben Sie über Tetraeder gesprochen. Sie sagten, dass zwei Tetraeder mit gleicher Grundfläche und von gleicher Höhe sich nicht in kongruente Tetraeder zerlegen lassen." „Das ... ist richtig.", sagt er mit einem Lächeln im Mundwinkel, „Auf dieses Problem weiß ich tatsächlich keine Antwort. Es ist ein überaus komplexes Problem, für das kaum einer eine Lösung kennt. Sagen Sie, wie ist Ihr Name?" „Mein Name ist Max Dehn, Student des vierten Semesters der Mathematik." „Nun gut, Herr Dehn", sagt der Professor und schaut auf meinen zerknitterten Stapel Blätter, „zeigen Sie mir doch Ihre Ausführungen." Ich schaue ein letztes Mal auf meine Aufzeichnungen und reiche ihm diese mit gesenktem Blick.

Hilbert setzt seine Brille auf, schaut auf die erste Seite und sagt, bereits gedankenversunken und etwas abwesend: „Setzen Sie sich doch." Besonders meine Beine freuen sich über diese Aufforderung und ich setze mich in den großen Ohrensessel. Ich lasse meine Blicke im Zimmer herumwandern und beobachte alles genau: Zettelwirrwarr, ein Schreibtisch voller mathematischer Instrumente, eine Garderobe, an der ein schwarzer Mantel nicht gerade liebevoll an einem Bügel herunterrutscht, Bücher über Bücher...

Nun mag einige Zeit vergangen sein, es dämmert schon und ich bemerke ein leises Knurren in meinem Magen. Wird Hilbert nun alle 21 Seiten durchlesen? Wann komme ich wohl nach Hause und was wird Frieda sagen? Ein „Genial!" reißt mich aus meinen Gedanken. Verwundert blicke ich in die runden, dunklen Augen, die stolz und beinahe etwas neidisch in meine blicken. „Herr Dehn, Sie sind ein außerordentlich intelligenter Student. Ich bin beeindruckt von Ihren mathematischen Beweisen. Darf ich Ihre Ausführungen noch etwas bei mir behalten? Ich bin noch nicht fertig. Kommen Sie doch morgen gegen 15 Uhr noch einmal vorbei, ich freue mich!" Ich krächze ein schüchternes: „Vielen Dank, Herr Professor, ich werde da sein" und laufe leichten Schrittes auf die große Tür zu. Diesmal lässt sie sich gar nicht mehr so schwer öffnen wie vorher.

Cartes de Visite: Prof. Rudolph von Jhering

Manfred Kirchner

Ich stehe an einer Glasvitrine, gefüllt mit vielen alten Fotografien. Mir fallen drei Bilder auf, Bilder von Professor Ihering. Und mir fällt sein konzentrierter, teilweise strenger Blick auf. Was sagen mir diese Augen?

Karte 1, vermutlich entstanden um 1860

„Nun ja, ein wenig verbissen schaue ich schon drein mit meinen 40 Jahren, ehrgeizig. So mögen mich meine Studenten und meine Fakultätskollegen…, glaube ich. Mit Fliege und Stehkragen wirke ich doch standesgemäß, oder? In die Kamera schauen? Was soll das? Meine Studenten anschauen? Warum? Sie

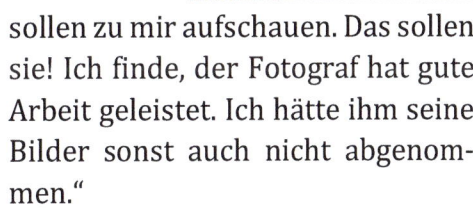

sollen zu mir aufschauen. Das sollen sie! Ich finde, der Fotograf hat gute Arbeit geleistet. Ich hätte ihm seine Bilder sonst auch nicht abgenommen."

Karte 2, vermutlich entstanden um 1875

„Diese Studenten. Graue Haare haben sie mir bereitet, Geheimratsecken. Nun ja, 55 Lenze.

Ich denke! Man sieht es. Wie

179

komme ich weiter? Mit wem? Mit der Politik? Die Lösung liegt wohl in der Ferne. Ich hatte mir das doch etwas einfacher vorgestellt mit Bismarck und dem jungen Kaiser.

Was der Fotograf da abgeliefert hat, ist schon in Ordnung. Aber er hätte mich doch etwas freundlicher darstellen können."

Karte 3, vermutlich entstanden um 1890

„Es ist ein Jammer. Da haben sie den Bismarck nach Hause geschickt, den Garanten für Rechtssicherheit und Stabilität. Ich mag gar nicht hinschauen, was dieser junge Kaiser da macht. Ich bin skeptisch, wenn ich in die Zukunft sehe. Nun gut, warum soll ich gute Miene zum bösen Spiel machen?

Diese Studenten, sie laufen dem Kaiser nach, kopflos. Burschenschaften, Mensuren auf den Paukböden, Besäufnisse, Studieren ist Nebensache. Was soll nur aus diesen Leuten werden? Schade. Ich hatte mir mehr erhofft.

Na ja, der Fotograf mit meinem Bild: Es ist mir eigentlich egal, wie der mich abbildet. Oder nein, doch nicht! Zumindest so wie Bismarck möchte ich im Profil abgebildet sein, kantig und markant."

***

Fotos: Georg-August-Universität Göttingen

Digitaler Katalog "Face the Fact"

180

Bild: Ingrid Hüchting

Das Glücksschwein Wilfried Seitz

Da lagen sie in Spankörben mit feuchter Holzwolle, fünf Dutzend Helgoländer Hummer. In wenigen Stunden würden sie als Hummercocktail serviert werden, die Cocktailsauce verfeinert mit wenigen Tropfen Meerrettichsaft und Cognac.

Der Gardemanger-Posten, die kalte Küche, auf dem ich als Lehrling im „Dritten" eingesetzt war, lief auf Hochtouren. Das Steinbutt-Soufflée wartete in den Förmchen auf das Pochieren im Heißwasserbad. Über hundertfünfzig Fasane, die in den letzten Tagen von uns „Stiften" stundenlang gerupft wurden, hatten die Kollegen auf dem Saucier-Posten schon vorgebraten und tranchiert. Das mildgesäuerte Champagnerkraut duftete durch die ganze Küche. Der Chef-Entremetier schmeckte, die aus frischen Ochsenschwänzen hergestellte *Oxtail clair* selbst ab, die letzten Fetttropfen degraissiert mit Löschpapier. In der Pâtisserie war die Hauptarbeit erledigt. Das *Grand-Marnier*-Parfait war eingefroren, die *Petits Fours* zum Café glasiert und die dreihundert hausgemachten Marzipan-Kleeblätter zur Dekoration lagen sauber aufgereiht bereit. Im großen Kupferkessel warteten sechzig Eigelb auf den hocharomatischen *Banjuls,* den *Vin Doux Naturel,* um kurz vor dem Service zu einem schaumigen *Sabayon* aufgeschlagen zu werden.

Küchen-Chef Adolf Niefer, klein, drahtig, Autorität in Person, war mit seiner Küchenbrigade für die Schlacht gerüstet. Das Silvester-Bankett war für ihn der Höhepunkt des Jahres. In der *Deutschen Hotel- und Gaststätten-Zeitung* wetteiferten die bundesdeutschen Grand Hotels und Sterne-Restaurants mit der Veröffentlichung ihrer Silvester-Menüfolgen. Nur das Staatsbankett anlässlich des Besuches der britischen Königin Elizabeth II. vor wenigen Monaten war für Niefer mit dem heutigen Tag vergleichbar.

Draußen geleiteten nach und nach die großen Limousinen mit den Festgästen heran. Selbstbewusste Männer im Smoking, an der Seite die Frauen meist im Pelz, darunter schulterfreie Roben und sehr viel Glitzer.

Am *Pass*, der Übergabestation der Speisen, stand die Service-Brigade bereit. Zwei Kolonnen, jeweils mit einem Oberkellner an der Spitze. Der Weg zu den großen runden Tischen mit je acht Plätzen war genau einstudiert. Stundenlang wurde zuvor poliert, Silber und Gläser, millimetergenau das Besteck eingedeckt.

Letzte ernste Worte des Hotel-Direktors mit dem Küchen-Chef, bevor dieser das Kommando gab: „Vorspeise kann!". Jetzt waren wir alle hoch konzentriert, nicht der geringste Fehler durfte passieren. Keine Zeit, an den Sonderauftrag zu denken, mit dem ich und mein Freund Rainer zu Mitternacht betraut worden war.

Unten im Keller, im Trockenlager, stand eine große Holzkiste, darin kauerte auf Stroh gebettet, ein rosiges

Ferkel, verängstigt in der fremden Umgebung. In knapp vier Stunden würde das Borstenvieh der Silvesterstar sein.

Das Bankett lief wie am Schnürchen: Vorspeise, Suppe, Fisch, Hauptgang! Der schwergewichtige Chefsaucier, zugleich Sous-Chef, Stellvertreter des Küchenchefs, schwitzte aus allen Poren. Er hatte was Hinterhältiges, sein fleischiges Gesicht erinnerte mich an Fotos von Hermann Göring. Dem Casserolier Manfred, dem Spüler, schmiss er die glühend heißen Sauteusen, in denen zuvor die Maronen glasiert wurden, ohne Vorwarnung ins Spülbecken. Manchmal beschimpfte er ihn mit „schwule Sau". Von Manfred kam keine Reaktion, mechanisch arbeitete er vor sich hin. Ich sah nur seinen leeren Blick, wie den von Menschen, die sich hoffnungslos ihrem Schicksal fügen.

Der Hauptgang war raus. Vereinzelt kam noch der ein oder andere *Chef de rang* und rief für das Nachservice über den Pass: „Fasan supplement!" oder „sauce supplement!" oder „Pommes mousseline supplement." Blitzschnell wurde nochmal angerichtet.

Nach einer Weile die Ansage des zweiten Oberkellners: „Dessert kann in fünf Minuten!"

Der sonst eher lässige Chef- Patissier verfolgte jetzt haargenau, wie die großen Porzellanteller von seinen Mitarbeitern angerichtet wurden. In den kunstvollen Ornamenten aus Orangensauce und Bitterschokoladen-Couverture bettete sich das zartschmelzende Parfait, geschmeichelt vom locker-schaumigen Sabayon.

Im großen Festsaal, am Vormittag von der Hausdame und ihren Mädchen mit einer Fülle von Blumengestecken und Girlanden dekoriert, wurden die Dessert-Teller abgeräumt. Café wurde abgefragt und die Digéstif-Wagen hereingerollt, desgleichen ein Wagen mit erlesenen Zigarren. Die Damen genossen einen Liqueur oder Champagner, die Herren bevorzugten Coronas und erlesene Brände. Die Spitzen aus Wirtschaft und Politik hatten viel zu bereden. Dazwischen Gala-Uniformen und allerhand Prominenz.

Mit einem Tusch und folgenden Walzerklängen gab das Orchester die Tanzfläche frei. Mit erstaunlicher Wendigkeit wirbelten die älteren Herren ihrer Partnerinnen übers Parkett.

In der Küche war Entspannung angesagt. Der Direktor hatte der Küchen-Brigade ein Fass Stuttgarter Hofbräu in die Patisserie bringen lassen. Weiße Koch-Hüte drängelten sich um den Fass-Hahn. Nur Rainer und ich mussten den mitternächtlichen Auftrag noch hinter uns bringen. Rainer sollte als Kaminfeger und ich mit dem Ferkel als Glücksbringer auflaufen. Als gelernter Metzger wusste ich, dass aufgeregte Schweine sehr anstrengend sein können. Die Lösung war, unser Ferkel mit einem in einer Metall-Schüssel zusammengerührten Trunk aus einem halben Liter vom Chef spendierten Bier und einem Glas Eierlikör aus Patisserie-Beständen zu besänftigen. Der Ferkelkopf tauchte erst wieder aus der Schüssel auf, als diese bis auf den letzten Tropfen leer gerüsselt war. Wir waren beeindruckt und tauften den kleinen, borstigen Schluckspecht auf den Namen Fritz.

23:3o Uhr: Jetzt hieß es sich umzuziehen. Rainer bekam schwarze Hosen, eine dicke schwarze, wattierte Jacke und den obligatorischen Zylinder aus dem Bestand der Hausdame, dazu schwarze Theaterschminke fürs Gesicht. Ich zog eine tadellos gebügelte und gestärkte frische Kochjacke an, band mir das Koch-Halsband um und setzte die steife Kochmütze auf, diesmal fast so hoch wie die vom Küchenchef.

23:50 Uhr: Wir waren bereit. Rainer hatte einen Ruß-Eimer mit gerollten Tombola-Losen. Ich trug Fritz, mein Ferkel, im Arm. Im Festsaal standen acht Champagnerglas-Pyramiden bereit.

23:59 Uhr: Ein Tusch vom Orchester.

23:59:50 Uhr: Der Hoteldirektor ließ es sich nicht nehmen, die letzten Sekunden selbst abzuzählen.

24:00 Uhr: Glockengeläut von der nahegelegenen Schlosskirche, die Korken der Doppel-Magnum-Flaschen Veuve Cliquot knallten, die launige Ansage des Direktors.

Alle fielen sich in die Arme.

Wieder ein Tusch: Jetzt kam unser Auftritt!

Als wir in den Ballsaal traten, öffnete sich die große Schar der Gäste zu einem Korridor. Wohlwollende, freundliche Blicke säumten unseren Weg. Hände klatschten im Takt. Aufgeregt und etwas stolz marschierten wir

Richtung Ministerpräsident Hans Filbinger. Von den Erschießungen, die dieser in der Nazizeit als Marine-Richter höchstpersönlich angeordnet hatte, wusste ich damals noch nichts.

Fritz begann ein wenig zu grunzen und bekam kaum die Augen auf. Der „Landesvater" und seine Gattin nahmen den Glückwunsch des Kaminfegers entgegen und zogen jeweils ein Tombola-Los, dann streichelten sie breit lachend Fritz. Wir gingen weiter.

Fast unmerklich spürte ich, wie mein rechter Oberarm feucht wurde. Unterhalb des Ringelschwänzchen bahnte sich eine gelblich-braune Flüssigkeit den Weg durch den Stoff. Ich schnupperte **… oh je!** Meine Augen wanderten zu Rainer, dann zu dem Ferkel. Rainers Augen weiteten sich als er die Bescherung sah, er schnupperte, gequält schaute er mich an. Der Festglanz schien aus den Augen der nahe stehenden Gäste zu weichen, sie gingen auf Distanz. Unser hilflos-schuldvoller Blick zum Direktor. Der fragend-strenge Blick zurück, sofort erfasste er die prekäre Situation. Eine kaum merkliche Handbewegung von ihm, eine Art Wegwinken. Wir traten den Rückzug an.
Offenbar hatte auch der Orchesterdirigent begriffen, was los ist. Wir hörten das Stichwort *„Zigeunerbaron".* *S*chlagartig stimmte das Orchester um. Im Rücken hörten wir Operettenklänge und bald stimmte der ganze Saal fröhlich ein:

„Ja, das Schreiben und das Lesen
ist nie mein Sach' gewesen,
denn schon von Kindesbeinen
befasst' ich mich mit Schweinen.."

Prosit Neujahr !

Bild:Brigitte Rosetz

Die Bluse bleibt geschlossen

Manfred Kirchner

„Hanna, bitte lächeln. Nein, nicht die Zähne fletschen. Ooch, das ist jetzt aber blöd. Das Selfie lösch ich. Also, noch mal bitte. Schau in das Handy. So, und nun mich anschauen, lächeln!" Ein Geräusch wie der Blendenverschlusses einer Spiegelreflexkamera , ein bis zwei Sekunden, dann ein Bild, zwei Gesichter, die sich anschauen. Im Hintergrund irgendwelche Personen, eine Kneipe, Gegenlicht.

Sekundenposen
vergängliche Momente
digitalisiert

„Nein, Julia, das gefällt mir nicht. Schau mal, wie ich aussehe. Und dann diese Leute. Was soll denn Ralf denken, wenn Du ihm das Bild postest. Diese Kneipe im Hintergrund… Diese Biergläser da auf dem Tisch? Der denkt, wir haben einen drauf gemacht. Lösch das Bild, bitte!"

Meine Tochter hat mir dann irgendwann diesen Schnappschuss gezeigt, eigentlich zufällig. Ein richtiges Szenefoto, fand sie. So unterscheiden sich die Geschmäcker. Bildinflation hier, nur selten mal ein schönes Foto. Da die hohe Kunst von Licht und Perspektive, die Inzenierung des Augenblicks. Ich hole gern das alte Fotoalbum aus dem Schrank, Omas alte Fotografien.

Oma ist nun schon lange tot. Die Faszination der Bilder ist aber geblieben. Sie beeindrucken mich immer wieder, diese Bilder in Schwarz und Weiß, teilweise mit einem

Sepiaschleier überzogen. Es sind nicht viele Fotos, die Oma und Uroma als junges Mädchen zeigen. Dafür aber brillante.

Bild: Manfred Kirchner

Jede Falte der Bluse sitzt. Das Haar prächtig frisiert, aufgesteckt. Da steht sie, neben ihr ein leerer Lehnstuhl. Ihr linker Arm stützt sich auf die Stuhllehne, während ihr rechter leicht eine Falte ihres Kleides fasst, ein Kleid mit einer Spitzenborte. Das Gesicht hat etwas von Zufriedenheit, aber auch ein wenig Neugier, der Blick in die Ferne gerichtet. Es ist beeindruckend, wie es die Fotografen vor einhundertdreißig Jahren geschafft haben, so ausdrucksstarke Fotos auf die Glasplatte und von dort auf Papier zu bannen:

Magnesiumblitz
auf Glas gebannter Moment
für die Ewigkeit

Oma hat mir erzählt, dass solch eine Fotografie über mehrere Tage vorbereitet wurde: Rock und Bluse in der Wäsche, die Bluse dann gestärkt, damit auch jede Falte liegt, alles mit dem alten Setzbügeleisen gebügelt, anprobiert, die Falten am Rock gesteckt, damit sie ganz gleichmäßig fallen, die Frisur probefrisiert, dann immer wieder vor dem Spiegel geschaut, ob auch alles richtig sitzt und passt. Und dann ständig diese Diskussionen mit ihrer Mutter:

„Die Bluse bleibt geschlossen!"

„Aber warum denn, dann sieht man ja nicht mein neues Amulett!"

„Die Bluse bleibt geschlossen. Das ziemt sich nicht für ein junges Mädchen wie dich!"

Die Uroma hat sich wohl durchgesetzt, wenn ich die Bilder betrachte.

Und dann beim Fotografen: zahlreiche Karbidlampen am Boden, an der Decke und an den Wänden. Spiegel in den Lampen werfen Licht auf einen Lehnstuhl, der im Raum vor einer Wand steht, dahinter ein Vorhang. Der Fotograf hantiert an einem Kasten auf einem dreibeinigen Gestell herum. Über den Kasten hängt er ein schwarzes Tuch. Immer wieder hebt der Fotograf das Tuch, verschwindet mit dem Kopf darunter. Dann gibt es Anweisungen:

„Bitte ein wenig nach rechts. Den Kopf nicht so gesenkt. Höher, noch ein wenig. Ja, so ist es gut. Die Schultern bitte mehr nach hinten. Ihre linke Hand, nein, nicht so hängen lassen! Fassen sie doch die Schleife.

Ida, bitte hinten an der Wand mehr Licht!"

Auf einen Teller, der auf einem Stock montiert ist, streut der Fotograf, während er die Anweisungen gibt, ein weißes Pulver.

„Fräulein, bitte schauen Sie mich an... Und Lächeln nicht vergessen... Nein, nicht nach links schauen. Sehen Sie auf meine Hand... Und bitte lächeln. Kopf hoch halten, lächeln, lächeln ...“

Ein heller Blitz erleuchtet den Rau. Oma sagte, sie habe sich damals mächtig erschrocken.

„Nein, Fräulein. Nicht weggehen! Ein Bild müssen wir noch machen.

Fräulein Ida, noch etwas Licht vorn auf den Stuhl!

Ach Fräulein, wie stehen Sie denn da? Schultern nach hinten, Brust raus, Kopf hoch! Und dann schauen Sie mich an, mich bitte anschauen ...“
Wieder die gleiche Prozedur wie zuvor: Ein Blick unter das schwarze Tuch, etwas weißes Pulver auf den aufge-spießten Teller.

„Fräulein, lächeln ... nicht die Zähne fletschen ..., lächeln, schauen Sie mich an..., so bleiben!"

Dann wieder der Blitz. Aber dieses mal wusste Oma schon, was passieren würde und war nicht mehr erschrocken.

„Du, Papa, die Lara hat da so ein Foto. Da prahlt sie mit rum. Dabei ist die doch potthässlich ... Kannst Du nicht mal ein Foto von mir machen, so für Facebook und so."

„Ganz schön eitel, junge Dame, oder? Komm mal wieder auf den Boden. Ich denke, Lara ist deine beste Freundin. Und nun Konkurrenz? Was ist denn los? Gibt's da Jungen, von denen ich nichts weiß?"

„Nö, eigentlich ..., nö."

„Wenn Du schon so eitel bist, dann solltest Du noch ein wenig an dir arbeiten. Diese Zotteln von Haaren ... Und auch sonst. Sprich mal mit deiner Mutter!"

Es dauerte nicht lange, und Elisa kam zurück. „Du Papa, alle okay. Können wir jetzt?"

Bild: Manfred Kirchner

„Na ja, dann probieren wir es mal. Lächeln, Elisa, bitte lächeln... Okay, das sieht ganz gut aus. Das lassen wir so."

Hochauflösende Farbfotografie: jedes Haar, jede Wimper ist zu sehen.

Elisas Blick ist nach innen gerichtet. Ein Mädchen zwischen Kind und Frau.

Wie sich doch die Bilder ähneln, das einhundertdreißig Jahre alte und das von heute. Zwei Augenpaare auf der Suche? Zwei Augenblicke für die Ewigkeit?

Die Instagram-Story

Paul Borck

– Hier ist perfekt! Guck mal, da haben wir den saftig grünen Dschungel vorne, im Hintergrund das blaue Meer und mitten durch die Wildnis überwucherte Gleise.

– Aber meinst du, dass ich das Richtige dafür an habe? Sollte ich zu dem Grün und Blau nicht lieber eine rote Hose anziehen?

– Nee, das wäre viel zu bunt! Die Leute sollen ja nicht denken, dass du ein Papagei bist! Die Cremefarbe ist einfach perfekt und ein guter Kontrast zu den vollen Farben.

– Na wenn du meinst. Du kannst das mit deiner ganzen Erfahrung ja eh immer besser einschätzen als ich.

– Außerdem sieht man in dieser Hose so viel von deinen braunen Beinen.

– Aber die Bräune ist doch nur aus dem Sonnenstudio.

– Da mache ich später einen Filter drüber, dann ist da gar kein Unterschied mehr zu erkennen!

– Ich habe einfach so ein Glück mit dir!

– So. Jetzt versuch mal auf einer Schiene zu balancieren. – Ach nee, das sieht ja total blöd aus. Stell dich lieber zwischen die Schienen, so als würdest du da zufällig lang schlendern.

– Igitt, da ist ganz viel Öl!

– Wer schön sein will muss leiden, das hat auch schon Konfuzius gesagt. Fürs Foto ist das leider echt notwendig.

– Okay, ist so gut?

- Ja, dreh dich noch ein bisschen nach rechts. – Nee nicht so, nur den Körper. Guck weiter in die Kamera, die Leute sollen dich ja sehen!
- Ach ja, du hast ja recht.
- Nee also so geht das gar nicht! Das erste war schon mal scheiße. Wir müssen auf jeden Fall was mit deinen Haaren machen.
- Sollen wir sie unter einem Hut verstecken wie gestern, ich hab extra den gelben Hut wieder mitgenommen.
- Nee, gestern war eine ganz andere Situation. Da kam das Licht von woanders und du warst in einer ganz anderen Mood.
- Hä, aber ich bin doch genauso guter Laune?
- Nee, jetzt lös mal den Zopf und schüttel den Kopf. – Ja noch ein bisschen mehr, damit du den Wind einfangen kannst.
- Hä, aber hier ist doch gar kein Wind?
- Schon, aber stell dir einfach vor, es gäbe ihn, dann sieht man das auch.
- Man du bist so schlau, woher weißt du das alle? – Meinst du so?
- Nee, das sieht total gestellt aus. Kannst du dabei nicht wenigstens ein bisschen natürlicher gucken?
- Ich gebe mein Bestes.
- Ja so ist schon besser – perfekt!
- Kannst du schneller machen, ich kann so nicht lange…
- Nein, nein, nein! Da fehlt noch was! Nimm mal meine Sonnenbrille und halt sie in der Hand, so als würdest du sie nur kurz abgesetzt haben, um deine Haare aus dem Gesicht zu schieben.

- Deine Sonnenbrille, die hatte ich doch bisher auf keinem Foto in der Hand?
- Egal, es wird Zeit, deine Accessoires etwas zu ändern.
- Wieso bin ich da bloß selber nicht drauf gekommen? Halte ich sie so gut?
- Nee, du musst sie viel mehr in die Kamera drehen. – Ja super! Das ist genial, das war bei dir wirklich überfällig!
- Hast du's? Ich kann nicht mehr.
- Warte noch. – Nimm mal die andere Hand an den Haaransatz.
- Beeil dich ich kippe gleich um!
- Nicht so zappeln. – So, jetzt ist es aber wirklich ausgezeichnet. Super!
- Kann ich aufhören?
- Ja! Fabelhaft, wir haben alles was wir brauchen. Es ist viel besser als erwartet. Damit können wir eigentlich wieder nach Hause fliegen.
- Wollen wir nicht lieber gucken, wo die Schienen hinführen und zum Meer runter gehen?
- Nee lass mal. Wir können jetzt endlich zurück ins Hotel und an den Pool.

***

Gedankenverloren wische ich über mein Smartphone, ach Mist, schon wieder aus Versehen ein Bild geliked. Na ja, ist ja wenigstens ganz hübsch mit dem Meer im Hintergrund. Mehr konnte ich in dem kurzen Augenblick nicht sehen, bevor ich zum nächsten Karibikfoto weiterscrollte.

Instagram Story altmodisch Helga Margenburg

(Die Urlaubsfotos - Geschichte vor 50 Jahren)

- Diese Stelle ist gut, glaube ich. Guck mal, im Hintergrund die kleine Kirche mit dem Zwiebelturm, dazu der blaue Himmel und die Berge. Und davor du auf der Bank. Sollten wir unbedingt festhalten.
- Die Kirche würde ich gern besichtigen.
- Rutsch mal ein bisschen mehr in die Mitte! Dann kommt der Baum auch noch mit drauf.
- Gut so?
- Mist, der Farbfilter ist mir runtergefallen.
- Nun mach schon. So lange kann ich nicht stillsitzen.
- Geht gleich los. Muss eben die richtige Blende einstellen und den Filter suchen.
- Wofür brauchste den denn?
- Ist für bessere Belichtung und Kontrast. Und für mehr Tiefenschärfe. Aber da verstehst du sowieso nichts von.
- Muss ich das? Mach zur Sicherheit aber besser gleich zwei oder drei Fotos. Wir haben doch einen 36er Film, darauf ist bestimmt noch genügend Platz.
- Nee, blöderweise hab ich nur nen 24er eingelegt und keinen Ersatzfilm dabei. Wir müssen also ein bisschen sparsam damit umgehen. Keine Fotos umsonst!
- Schade.
- So, ich hab ihn! Kannste vielleicht den Rock ein bisschen weiter runterziehen? Sonst sieht man zuviel

nackte Haut. und kämm' dir am besten noch mal die Haare! Und halt den Kopf gerade!

- Klar, mach ich, aber warte noch einen Augenblick, ich will mir noch schnell die Lippen nachziehen. Für besseren Kontrast, weißt du.
- Hab schon verstanden. Ich glaube, das nächste Mal nehm' ich nen Diafilm, dann können wir Zuhause Dias von unserem Urlaub zeigen. Wir laden alle ein und machen nen Filmabend. Projektor und Leinwand könnten wir uns von Tante Ilse und Onkel Hans leihen.
- Ja, ist dann fast wie Kino. Wir könnten auch ein Album anlegen und die Fotos einkleben, am besten mit Fotoecken, dann kann man sie auch wieder rausnehmen und mal rumzeigen. Und dazu alle die Eintrittskarten und Belege, die wir gesammelt haben. Das können sich dann später mal unsere Kinder angucken.
- Falls wir mal welche haben sollten. Und wenn ein Bild besonders schön geworden ist, lassen wir es vergrößern und einrahmen. Wäre doch ein gutes Weihnachtsgeschenk.
- Da fällt mir ein, wir müssen unbedingt eine Telefonzelle suchen und die Eltern anrufen. Sonst wissen sie ja gar nicht, dass wir gut angekommen sind. Übrigens bin ich wirklich gespannt, wie die Fotos geworden sind!

- Ich auch. Wir bringen den Film sofort weg, wenn er voll ist. Im Nachbarort soll es einen Fotoladen geben, die machen Abzüge in nur zwei oder drei Tagen.
- Das ist ja echt schnell!
- Vorsichtshalber kaufen wir aber gleich nachher einen neuen Film. Und danach besichtigen wir die Kirche.
- Du bist echt süß!
- Du auch. Aber jetzt geht' s los! Bitte lächeln!

Bild: Laetitia Diehl

Das Model

Wilfried Seitz

Nein! der Louvre war nicht angesagt, Anita und ich entschieden uns für die Picasso-Ausstellung, knapp zehn Minuten von der Metro-Station Saint Paul entfernt. Wir waren überrascht, es gab keine endlosen Warteschlangen vor der Kasse. Vielleicht lag es an den Umbaumaßnahmen des Museums, jedenfalls war geöffnet.

Unbefangen und frei von Kulturbeflissenheit durchschlenderten wir die Ausstellungsräume.

Wir staunten über den Lenker, der arrangiert mit dem Ledersitz eines alten Fahrrads von Picasso verblüffend real zu einem Stierschädel gewandelt worden war. Dann fesselte, uns eine ganze Serie von Minotaurus-Darstellungen, besonders das Bild des kleinen Mädchens, das den Blinden Menschenfresser, halb Stier, halb Mensch führt.

In der nächsten Halle erwartete uns Picassos Femme nue endormie, Nackte Schlafende. Der Künstler liebte es wohl, die Dame, die sinnliche Muse, im Schlaf zu beobachten.

Auf dem Weg zu einer weiteren Halle durchquerten wir einen kleinen hellen Raum. An der

Wand stand auf einem weißen Podest eine mannshohe Vitrine aus dickem Sicherheitsglas, dahinter ein einfacher Holzstuhl. Die Sitzfläche bedeckte ein Lappen, verkrustet von Farbresten. Darauf stand eine Porzellanschale mit blauen Blumenornamenten, Picassos Pinselbehältnis. Zwei Pinsel lehnten sich zum scheinbaren Abtrocknen an die Holzstreben der Stuhllehne.

Direkt am Ausgang saß, auf einem gepolsterten Metallstuhl, ein uns streng-verbittert musternder Museumswächter in dunkelblauer Uniform. Der Mann erhob sich langsam und verließ den Raum. Offensichtlich sah der Wach-Angestellte in uns keine drohende Gefahr, sonst war niemand da.

Ich weiß heute nicht mehr, was mich damals geritten hat. Kaum war die Aufsicht draußen, schnappte ich den Stuhl des Wärters und setzte ihn vor die stark gesichert Vitrine, um Anita zugleich auf den Wärterstuhl zu bugsieren. Halb erregt, halb ängstlich, was ich da wohl vor hatte, setzte sie sich widerstandslos. Blitzschnell zog ich meine kleine Canon-Kamera aus der Tasche. Anita wusste jetzt was ich wollte, sie entspannte sich und lasziv überschlug sie ihre wunderschönen Beine. Fotografieren war verboten, es musste ganz schnell gehen. Mein Blick im Sucher traf sich mit ihrem frechen Lächeln voller Schalk. Kaum war das Klicken des

Bild: Wilfried Seitz

Auslösers verklungen, hörte ich hinter mir laut schimpfend: „Monsieur! êtes vous fou de… „ dann folgte ein Wortschwall, der immer drohender wurde.

Anita sprang vom Stuhl auf, wild zog ich sie aus der Tür, um dann zwei Treppen, von verwunderten Blicken begleitet, nach unten zu stürmen. Unten holten wir Luft und dann begannen herzhaft zu lachen, bis uns die Tränen aus den Augen flossen.

Jetzt ziert ein Bild, vergrößert und auf Leinwand gespannt, mein Wohnzimmer. Darauf eine wunderschöne Frau. Den Ellenbogen auf das überschlagene Bein gestützt, mit einem bezaubernden Lächeln. Ich bin sicher, wäre Pablo Picasso hier gewesen, Anita wäre jetzt sein Model.

Dem Tod in die Augen sehen   ein Tandemprojekt[2]

Dem Tod in die Augen sehen   Margarita Schweizer

Man sagt, man kann den Tod nicht kommen sehen.
Jeder Mensch stirbt, keiner weiß wann.
Doch wenn du zurückblickst, erkennst du manchmal
Zeichen.
Du erkennst, dass der Tod vor dir stand – dir direkt ins
Gesicht gestarrt hat.
Und dennoch übersahst du es.

Es macht sich immer anders bemerkbar und doch ist es
immer sehr ähnlich.
Ein etwas zu langer Blick in die Augen.
Eine etwas zu feste Umarmung.
Ein angedeutetes sanftes Lächeln, statt freiem Gelächter.

Die Augen verraten alles was du wissen musst.
Manchmal ignorierst du, was du siehst.
Manchmal verstehst du nicht, was du siehst.
Manchmal aber siehst und verstehst du sehr gut und
kannst doch nichts ändern.

Wenn du einem Menschen stundenlang in die Augen siehst
und am Ende nicht mal mehr weißt, welche Augenfarbe er
hat, dann
ja dann hast du den Menschen gänzlich gesehen.
Und rückblickend erkennst du den Moment, in dem
der Tod aus diesen Augen starrte.

---

[2] Siehe Seite 233

Paul und Marie   Margarita Schweizer und Manfred Kirchner

Mackensen, 14. August 1917

Was für eine schöne Gelegenheit, mein neues Tagebuch einzuweihen: Ich war heute auf der traumhaften Hochzeitsfeier des Cousin Karl. Ich habe dort Paul kennengelernt, den Trauzeugen der Braut .... Es hat sofort gekribbelt im Bauch. Ein wunderbarer Mensch! Haben viel geredet und getanzt. Schade, dass er wieder an die Front musste, nach Dünaburg. Er will mir schreiben.

Ich glaub, ich bin verliebt.

Königsberg, 22. Dezember 1917

Liebe Marie,

vielen Dank für Deinen lieben Brief vom 1. Advent. Ich trage alle Deine Briefe immer bei mir. Sie sind so wunderschön. Wenn ich mal wieder von der Front zurück im Quartier bin, lese ich sie immer und immer wieder. Sie bauen mich auf. Aber so wie es aussieht, muss ich hier nicht wieder an die Front. Die Russen haben kapituliert und ich bekomme sicher bald ein paar Tage Heimaturlaub. Dann werde ich dich besuchen und ein paar Tage bleiben, fest versprochen.
Dein Paul

13. März, 1918

Paul hat um meine Hand angehalten! Nicht eine Sekunde habe ich gezögert. Er ist der einzig Richtige für mich. Wie romantisch der Antrag war! Beim abendlichen Spaziergang

205

am See, auf der Brücke, ist er auf seine Knie gefallen und hat mich gebeten, die Seine für die Ewigkeit zu werden. Der Ring ist wunderschön, golden, fein verziert. Ein Erbstück! Die Verlobungsfeier wird schon Ende der Woche sein, bevor er wieder an die Front muss. Die ganze Familie kommt zu Besuch. Ich bin so glücklich!

Hof, 16. Juni 1918

Liebe Marie,

Ich schreibe Dir heute aus dem Lazarett in Hof. Ich hoffe, ich erschrecke Dich nicht zu sehr, aber mir geht es den Umständen entsprechend. Ein Granatsplitter in der linken Schulter musste entfernt werden, ist aber wohl gut verlaufen. Für den Weg in die Heimat reicht die Verletzung nicht. Ich soll schon nächste Woche wieder zurück an die Front nach Frankreich. Ich habe die Schwester Johanna gebeten, diesen Brief an Dich abzuschicken, denn die Feldpost wird, wie ich erfahren habe, kontrolliert und da kann ich nicht so frei schreiben wie heute in diesem Brief.

Liebe Marie, wie schön war es doch im letzten Jahr im August auf der Hochzeit von Karl. Wir, Hand in Hand und allein, nach dem Kaffee durch die Felder bei Dassel. Ich spüre noch heute Deine Wärme, Deine zarten Lippen, unsere innige Umarmung. Oder wie schön war unsere Verlobung. An dich zu denken hilft mir, den Geruch von Chloroform und Tod leichter zu ertragen. Diese grausamen Bilder bei mir im Kopf. Oft schrecke ich nachts auf und kann dann stundenlang nicht schlafen. Dann das Gestöhne und Gewimmer von den vielen Verletzten hier im Saal.

Gestandene Männer, sie weinen wie kleine Kinder, rufen nach ihrer Mutter. Und wenn sie dann wieder einmal jemanden abgedeckt heraustragen, sage ich immer zu mir: gut, dass er es überstanden hat.

Wann habe ich es überstanden? Ich will nicht mehr in die Schützengräben in Frankreich, an der Marne, will nicht mehr warten, dass sich gegenüber etwas bewegt und ich darauf dann schieße. Ein Franzose, eine Ratte, ein Vogel? Vor ein paar Wochen wollte mich ein Offizier vors Kriegsgericht zerren, weil ich nicht gleich geschossen habe. Befehlsverweigerung! Man habe mich nicht zum Scharfschützen ausgebildet, damit ich hier im Graben liege und träume.

Liebe Marie. Es ist grausam. Kälte, Matsch, Regen, Hunger. Überall Tote. Überall der Geruch von Tod, abgerissene Körperglieder, verlorene Kleidung und Ausrüstung. Mein Freund Johann, mit dem ich schon in Mörchingen gedient habe, wir liegen beide im Schützengraben nebeneinander und schießen auf den Franzmann, der uns mit vielen hundert Soldaten über-rennen will. Ich schaue kurz zur Seite: Johann tot. Kein Wort, kein Schrei. Einfach tot. Wuttaumelnd bin ich raus aus dem Schützengraben, das Bajonett voran, auf die Franz-männer los. Dieses Morden und Schlachten... es war grausam. Ich sehe sie jede schlaflose Nacht, die Gesichter, die Augen, als ich ihnen mein Bajonett in den Bauch ramme, Entsetzen, Angst, Hass springen mich aus diesen Augen an. Das Eiserne Kreuz haben sie mir verliehen, mit vielen Ermahnungen, dass ich zukünftig nicht mehr so leichtsinnig den Heldentod suchen solle. Hätten sie doch ihr Eisernes Kreuz behalten und Johann wäre dafür noch am Leben.

Liebe Marie. Ich will nicht mehr kämpfen. Für wen, für was? Den Kaiser? Die Generäle? Kämpfen gegen einen Feind, der lieber friedlich leben möchte, so wie ich? Kämpfen gegen einen Menschen, der mir direkt in die Augen sieht, während ich ihn ermorde? Ich kann diese Bilder nicht ertragen und versuche, mich abzulenken. Und dann träume ich davon, mit Dir auf unseren Feldern zu arbeiten, zu säen, zu ernten, Kühe zu melken und Kälber zu füttern. Ich träume von einer warmen Stube im Winter, von fröhlichen Besuchern bei uns und und und.

Liebe Marie. Ich träume so oft von Dir und hoffe, wir sehen uns bald gesund wieder.

Dein Paul

3.Juli, 1918

heute gab es endlich einen Brief von Paul. Was für schreckliche Sachen er doch berichtet. Er möchte hoffnungsfroh wirken, doch ich kenne meinen Paul. Er will mich nicht erschrecken.

Ich war bei den Nachbarn. Der Georg ist gefallen. Elsa weiß nicht wohin mit den drei Kindern. Ohne Arbeit, keine Brüder, ihre Eltern irgendwo an der Grenze. Ich kann ihr nicht helfen. Weiß ich doch nicht, was mit mir selbst passiert. Ob der Paul zurück kommt und wenn ja, in welcher Verfassung?

Wie es wohl ist, jemanden zu töten? Und was es wohl aus einem macht? Wird Paul noch derselbe sein, wenn er zurück kommt?

Mal sehen, wie lange ich meinen Platz in der Fabrik noch habe. Heute wurden wieder fünf Frauen entlassen, um Platz für die Rückkehrer zu machen. Ich wünschte, Paul wäre einer von ihnen.

Die Frauen haben geweint. Wie sollen sie denn nun ihre Familien ernähren?

Ich wünschte es wäre schlimmer um Paul geschehen. Schlimmer als ein Granatsplitter. Gerade schlimm genug um ihn zurück nach Hause zu schicken. Hier wäre er sicher.

Wie schnell sein Freund gestorben ist. Paul könnte jetzt auch tot sein. Ich will es mir gar nicht vorstellen.

Kassel, 12. Dezember 1918

Liebe Marie,

Ich habe heute meine Papiere bekommen, hier in Kassel in der Kaserne, entlassen. Ich freue mich darauf, wieder bei dir und bei meiner Familie zu sein. Ich werde aber noch nicht gleich nach Hause fahren, da ich noch die persönlichen Dinge von Johann habe und sie nicht mit der Post schicken möchte.

Johann und ich, wir hatten uns, nachdem wir uns in Frankreich wieder getroffen haben, versprochen, dass, falls einer von uns fällt, der Andere sich um die Familie kümmert. Daher werde ich morgen nach Heidelberg fahren und Johanns Frau Marianne und seine Kinder aufsuchen und ihnen seinen Ehering, die Taschenuhr und ein paar persönliche Dinge überbringen. Es war nicht ganz einfach, den Zeugmeister zu überzeugen, dass er mir die Sachen von Johann herausgeben kann. Es hat dann aber doch geklappt.

Ob ich Weihnachten zu Hause bin, kann ich jetzt noch nicht sagen. Ich schreibe dir, sobald ich in Heidelberg bin.

Liebe Marie. Ich hoffe, Du verstehst mich. Ich freue mich schon auf unser Wiedersehen, hoffentlich vor Weihnachten. Ich träume von dir.

Dein Paul

16. Dezember 1918

Lieber Paul,

Du weißt gar nicht, wie sehr ich mich über Deinen Brief gefreut habe.

Meine Gebete wurden erhört! Du bist gesund und kannst nach Hause kommen!

Es ist sehr fürsorglich von dir, Johanns Frau und Kinder zu besuchen und ihnen seine Sachen zu bringen.

Ich kann es kaum erwarten, dass du nach Hause kommst. Hoffentlich schaffst du es bis Weihnachten, das wäre schön.

Ich liebe dich.

Deine Marie

Heute bin ich am See spazieren gewesen. Er ist zugefroren und die Kinder spielten drauf. Ich erinnerte mich, wie der Ludwig damals ausrutschte und sich ein Stück seines Zahnes ausschlug. Jetzt liegt er mit einer zerfressenen Lunge im Lazarett. Er zähle nur noch die Tage, sagt Anne. Dann ging ich zur Post und bekam den Brief mit der so ersehnten Nachricht! Paul kommt zurück!! Endlich! Er will noch mal zu Johanns Familie und dann kommt er nach Hause.

Sowie ich seinen Brief bekommen habe, bin ich direkt zu meinen Eltern hin. Auf dem Weg hab ich die Elsa getroffen. Sie hat sich gefreut. Ich habe ein schlechtes Gewissen, weil sie ihren Mann verloren hat. Aber es ist so schön, wieder träumen zu können. Mit Paul wieder im Gras liegen zu können, zwischen den Blumen, im Sonnenlicht.

Ich bin so unendlich dankbar.

Heidelberg, 19. Dezember 1918

Liebe Marie,

Es ist ein Jammer, zu sehen, wie sich Marianne und die Kinder durchschlagen müssen. Mariannes Bruder, der sie immer mal wieder unterstützt hat, ist gefallen. Ihre Eltern sind auch schon tot. Sie hat hier niemanden, der ihr hilft. Ich werde daher noch ein paar Tage hier bleiben.

Heute war ich mit Marianne auf dem Amt. Das wenige Geld, das sie als Kriegerwitwe bekommt, reicht nicht hinten und nicht vorn. Waisengeld für Robert und Julia?

Davon scheinen die vom Amt nie was gehört zu haben. Der Arbeiter- und Soldatenrat ist anscheinen total überfordert. Aber er verspricht den Frauen das Wahlrecht. Ob die Kriegerwitwen dadurch mehr in die Suppentöpfe bekommen?

Robert und Julia kleben förmlich an mir, wenn ich ihnen abends eine Geschichte vorlese. Ich könnte weinen, wenn ich in diese traurigen Augen sehe. Augen auf der Suche nach Hoffnung und Geborgenheit.

Ich werde über Weihnachten hier bleiben, um ihnen zumindest beim Weihnachtsfest ein wenig Trost zu geben. Ich wünsche dir eine schöne Weihnacht.

Dein Paul

17. Januar, 1919

Weihnachten und Neujahr sind vorüber. Elsa ist zu ihren Eltern gezogen mit den Kindern. Paul ist immer noch nicht zu Hause. Er steht Marianne und ihren Kindern bei, während dieser schweren Zeit. Ich bin stolz auf ihn und seine Hilfsbereitschaft. Ich wünschte nur er würde endlich nach Hause kommen. Ich vermisse ihn. Aber was soll ich ihm sagen? Ich kann ihn doch nicht nach Hause befehlen. Oder doch? Ich würde es so gerne tun.

Ich habe es nicht leicht hier alleine. Jetzt wo ich die Arbeit verloren habe und bei meinen Eltern wohne. Frauen bekommen mehr Rechte, Wahlrecht zum Beispiel. Aber die Arbeitsplätze gehen an die Männer. An die Rückkehrer. Aber

*nicht alle kehren zurück. Ludwig ist tot. Arme Anne. Hab sie
gestern besucht.*

Vielleicht besuche ich Paul bei Marianne.

*Egal wie, wir müssen uns bald sehen. Paul schickt nur
wenige Briefe und selbst in den wenigen sagt er nicht viel.
Langsam habe ich Angst. Will er vielleicht gar nicht mehr
zurück?*

Herzberg, 25. Januar 1919

Liebe Marie

Das ist jetzt schon der dritte Brief, den ich dir heute
schreibe. Die ersten zwei habe ich zerrissen.

Ich kann nicht schlafen. Immer wieder sehe ich das
Entsetzen in den Augen der Franzosen, die ich ermordet
habe. Ob sie auch Kinder hatten, so wie Johann? Ob diese
Kinder auch so traurig schauen, wie Johanns Kinder?

Morgen soll ich wieder bei Otto Kuhlmann in der
Tischlerei anfangen. Mir zittern die Hände. Ich weiß nicht,
ob ich das schaffe. Was werden die Anderen denken, wenn
sie mich zitternd an der Säge sehen?

Es tut mir leid, liebe Marie, dass ich dich immer noch
nicht besucht habe. Ich glaube, es kann mit uns nie wieder
so werden wie früher. Ein dreifacher Mörder an Deiner
Seite?

Nein, liebe Marie, auch diesen Brief schicke ich nicht ab.
Ich lege ihn in die Schublade, werde ihn vielleicht später
noch einmal neu schreiben.

Dein ...

15. März 1919

Liebe Marie,

In meiner Tischschublade im Stubentisch stapeln sich schon über 20 Briefe. Ich traue mich nicht, sie an dich abzuschicken, denn sie sind alle irgendwie traurig. Und ich möchte dich nicht in meine Zweifel und meine Trauer mit hineinziehen. Warum kann es nicht wieder so sein wie vor einem Jahr, als wir uns verlobten? Dieser schreckliche Krieg, er lässt mich nicht aus seinen Klauen.

Bei der Arbeit war ich heute sehr unkonzentriert, ich habe viel nachgedacht. Wurde direkt vom Gruber gescholten, ich solle seine Nerven schonen und einfach zu Hause bleiben, wenn ich nicht dankbar für die Arbeit sei. Als ob das was damit zu tun hätte. Ich muss mich zusammenreißen oder ich verliere meine Anstellung.

Ich kann diesen Brief wohl auch nicht abschicken und werde ihn zu den übrigen legen. Ach könnten wir doch einmal zwanglos miteinander sprechen. So wie früher. Vielleicht zu Ostern?

Dein Paul

30. März, 1919

Ich fahre zu Paul, an Ostern. Ich freue mich, ihn wieder zu sehen. So viel Zeit ist vergangen, ich weiß schon gar nicht mehr, wie er riecht. Es gibt so viel zu berichten. Sogar Schönes! Ich hoffe es geht alles gut.

Liebe Marie,
ich habe mich sehr über Deinen Brief gefreut. Und ich
freue mich auf Deinen Besuch zu Ostern. Ich werde dich
am Karfreitag vom Bahnhof abholen, vom 17Uhr-Zug.

Dein Paul

18. April 1919 (Karfreitag)

Liebe Marie!

Ich war heute in der Kirche, in aller Früh. Ich habe zu Gott
gebetet, er möge mir meine drei Morde vergeben. Ich habe
Christus am Kreuz angeschaut und auf ein Zeichen gehofft.
Seine Augen blieben tot, tot wie er. Kein Lichtschein vom
Himmel durch die Kirchenfenster. Ich habe auf Vergebung
gehofft. Sie haben mir nicht vergeben, Gott und Christus.
Was ist das für ein Gott? „Gott mit dir", haben die Pfarrer
uns gesegnet, gesegnet zu töten. Uns, die Russen, die
Franzosen, die Engländer, alle zogen mit Gottes Segen in
diesem verdammten Krieg. Und jetzt spricht Gott nicht mit
mir, zeigt sich mir nicht.

Fast jede Nacht sehe ich sie, die drei Franzosen. Hätte mir
Gott vergeben, er würde mich doch von diesen Albträumen
befreien, oder?

Ich weiß nicht, ob ich mich auf Deinen Besuch zu Ostern
freue, ich weiß es nicht. Ich möchte Dich nicht enttäuschen.

Dieser Brief? Irgendwie muss ich es mir von der Seele
schreiben, wenn Du heute kommst. Ich will dich nicht

belasten, hoffe frei zu sein von den quälenden Gedanken. Dieser Brief ..., in die Schublade zu den anderen.

Ich hoffe, es kommt bald der Tag, an dem ich diese Briefe vernichten und mit dir ein ganz normales Leben führen kann. Ich sehne mich so danach.

Dein Paul

19. April, 1919

Paul ist distanziert.

Wir waren spazieren auf den Feldern und den Wiesen, so wie wir es geträumt hatten. Er hat so gut wie gar nichts gesagt. Hast du mich vermisst, habe ich ihn gefragt. Natürlich hat er mich vermisst, sagt er.

Er sieht mir kaum in die Augen. Fasst mich kaum an. Ob was zwischen ihm und Marianne vorgefallen ist? War ich zu naiv, um ihm zu glaube, dass er nur zum Helfen bei ihr war?

Als er mich am Bahnhof abgeholt hat, hat er mich zur Begrüßung geküsst. Seitdem nicht mehr. Wie schön das war! Zwischen dem Rauch, den Koffern, den Menschen. Was für eine Hektik! Und mittendrin mein Paul. Da stand er, mit Himmelsschlüsselchen in der einen Hand und dem Hut in der andern. Den Hut trägt er neuerdings sehr gerne. Ich glaube, er versteckt sich gern darunter. Die Himmelsschlüsselchen erinnerten mich an die Johannes-Passion von Bach, die wir erst gestern mit dem Kirchenchor begleitet haben. Heißt es da doch

„Betrachte, meine Seel, mit ängstlichem Vergnügen,
mit bittrer Lust und halb beklemmtem Herzen.
Dein höchstes Gut in Jesu Schmerzen,
Wie dir auf Dornen, so ihn stechen,
Die Himmelsschlüsselblumen blühn!
Du kannst viele süße Frucht von seiner Wehmut brechen,
Drum sieh ohn´ Unterlaß auf ihn!"

Wie passend mir diese Zeilen nun erscheinen. Ängstliches Vergnügen und ein halb beklemmtes Herz hatte ich, als ich hier ankam. Dann stand er da und ich wusste, ich darf ihn nie wieder verlassen.

Was haben wir geweint. Ewig lagen wir uns in den Armen, froh, wieder zusammen zu sein.

In der ersten Nacht erzählte ich ihm von den Ereignissen daheim. Wir redeten stundenlang und lagen uns in den Armen. Seitdem liegt er nur noch mit dem Rücken zu mir. Ich weiß nicht wie ich ihn erreichen soll. Es fühlt sich an, als wäre es schon zu spät.

22. April 1919

Ich hab ihn gefunden, gestern. In der Scheune. Erst konnte ich mich gar nicht regen. Dann löste sich ein Schrei aus mir. Ich hatte keine Kontrolle über sie, meine Stimme. Oder meinen Körper. Schockstarre. Dann Hysterie. Ich zitterte so stark, es waren fast Krämpfe. Irgendwann kamen Menschen in die Scheune. Jemand packte mich und schüttelte mich ein wenig. Marianne. Da merkte ich, dass ich noch schrie. Konnte einfach nicht mehr von alleine aufhören. Die Beine sackten *mir weg, ich saß auf dem Boden und guckte hoch. Starrte auf Paul. Wir haben nie geheiratet. Ich bin keine Witwe. Was bin ich dann? Ich weiß nicht, was das alles soll. Ein Nachbar von Marianne versuchte Paul von der Decke zu holen. Er schaffte es nicht alleine. Ein weiterer Mann kam und half ihm. Sie versuchten ihn wiederzubeleben. Kurz hatte ich Hoffnung, aber als ich näher kam – ich musste krabbeln, weil meine Beine nicht mehr funktionierten – sah ich, wie blau er schon war. Blau und kalt. Sein Gesicht. Verzogen zu einer Fratze. Das ist nicht Paul. Es macht keinen Sinn. Wie kann er sich umgebracht haben? Wie konnte ich es nicht kommen sehen? Hat ihn vielleicht jemand umgebracht? Ihn dazu verleitet? Ich verstehe das nicht. Und doch macht es Sinn. Ich will es mir nicht eingestehen, aber irgendwo in den Tiefen meines Verstandes.... Macht es Sinn. Wie konnte er das nur tun? Wie soll ich ohne ihn leben? Oh Gott. Mein Paul ist tot. Er hat sich umgebracht. Die Panik, sie kommt zurück, ich kann nicht, ich will nicht, wie soll ich das überleben?? Wie soll es mir jemals wieder besser gehen, wenn Paul nicht mehr da ist, wo Paul sich das Leben genommen hat. Jeder wird fragen, ich kann nichts beantworten. Ich bin Schuld. Ich hätte es kommen sehen müssen, ich bin doch seine Verlobte. War. War seine Verlobte. Ich hätte es kommen sehen müssen. Er hätte was sagen müssen. Ich hatte es doch gesehen. Ich habe doch gesehen, dass es ihm nicht gut geht. Habe ich nicht noch vor drei Tagen hier rein geschrieben „als wäre es schon zu spät"?*

Es gab einen Moment, Ostersamstag Abend, der mir nicht mehr aus dem Kopf geht. Wir standen zu zweit in Mariannes

Küche. Paul zertrümmerte versehentlich einen Krug und war ganz außer sich. Er stammelte vor sich hin, der Krug wäre so kaputt wie er selbst. Nicht reparierbar. Ich wusste, dass es ihm schlecht ging und versuchte ihn zu trösten. Menschen können doch nicht kaputt gehen, sagte ich ihm. Ich nahm ihn in den Arm und er drückte mich so fest an sich wie seit langem nicht mehr. Dann sah er mich an. Sein Blick ging durch mich hindurch, so intensiv, dass es schon fast wehtat.

Ich verstand nicht, was ich da in seinen Augen sah und bekam Angst. Angst davor, wegzusehen. Angst davor, zu genau hinzusehen. Ich wollte ihm etwas Tröstendes sagen, ihm irgendwie helfen, aber ich wusste nicht wie. Tiefer und tiefer zog er mich schweigend in diesen Blick. Und dann plötzlich erkannte ich Etwas. Etwas Endgültiges und Unumkehrbares. Etwas, das ich jetzt erst zu deuten weiß.

Mariannes Kinder stürmten in die Küche. Der Augenblick war vorbei. Alles schien wieder normal.

War das der Moment, in dem er Abschied genommen hat?

Ich habe seine Briefe gefunden. Sie sind so voller Trauer und Hoffnungslosigkeit. Er konnte nicht mehr. Ich versuche es zu verstehen. Der Schmerz. Er macht es schwer. Ich bin traurig und wütend. Verletzt und erschöpft. Die Zeit verläuft langsamer und gedämpft. Und doch vergeht sie. Es geht weiter. Einfach so. Ohne Paul.

Vaters Augen

Hans-Jochen Hüchting

Prolog

„Ich mag keine Gruppenreisen, das weißt du doch", reagierte ich abweisend auf den Vorschlag von Ingrid, meiner Frau, als sie mir eine Kulturreise nach Lüttich und Maastricht vorschlug.

„Diese ist sicher anders, weil als Höhepunkte des Programms eine Opernaufführung und ein Klavierkonzert in einem kleinen Schloss geboten werden", versucht sie, mich zu besänftigen. „Da sind wir doch unter Gleichgesinnten."

Wie so oft, war auch auf dieser Reise das Unerwartete, was mir am stärksten in Erinnerung geblieben ist. Das Konzert in dem Schlösschen hatte uns Stücke von Debussy und Chopin genießen lassen und war Thema vieler Unterhaltungen beim anschließenden gemeinsamen Abendessen. An der langen Tafel saß mir eine Dame schräg gegenüber, die ich bisher kaum wahrgenommen hatte. Innerhalb der Reisegruppe verhielt sie sich unauffällig, so dass ich sie bisher nicht sonderlich beachtet hatte. Sie reiste zusammen mit einer Freundin etwa gleichen Alters, mit der sie sich offenbar gut verstand, denn die beiden blieben stets beieinander. Auch am Tisch hatte sie sich neben ihre Freundin gesetzt und beobachtete alles um sich herum sehr aufmerksam. Ab und an sprach sie mit ihrer vertrauten Reisebegleiterin, die zu ihrer Linken saß. Auf Fragen oder Anmerkungen der Dame an ihrer rechten Seite reagierte sie freundlich. Ihrer jeweiligen Gesprächspartnerin wandte sie sich stets zu und blickte ihr in die Augen. Das fiel mir auf, weil ich Menschen mag, die auf diese Weise ihr Interesse an anderen zeigen.

Obwohl ich nichts von dem verstehen konnte, was die Dame mit ihren Nachbarinnen besprach, bekam ich mit, dass ihre Freundin sie Karla nannte. Ihr Gespräch schien ein heikles Thema zu behandeln, denn die zu ihrer Rechten sitzende Dame erhob plötzlich ihre Stimme erregt und ärgerlich.

„Es ist nun einmal so: Das Boot ist voll", brach es aus ihr heraus. „Wir können keine von denen mehr aufnehmen. Wenn wir sie ins Land lassen, werden immer mehr von ihnen kommen und uns überschwemmen."

Die DaVatersme, die gesprochen hatte, war jünger als die beiden anderen. Ihr Gesichtsausdruck, der bisher neutral gewesen war, hatte sich ohne Übergang gewandelt in Ablehnung und Angst. Ihr Mund war verkniffen, und ihre Augen flackerten vor Erregung.

„Ja, das ist sicher eine Gefahr, die wir im Auge behalten müssen, zumal die Menschen, die jetzt zu uns wollen, Deutsch weder sprechen noch verstehen, aus einer Kultur kommen, die sehr anders ist als die unsere, und einer uns fremden Religion angehören", räumte Karla ein. „Jedenfalls bin ich froh, dass wir damals, als wir nach Kriegsende aus dem ehemaligen Mähren flüchten mussten, von den Menschen in Bayern aufgenommen worden sind."

„Wie alt waren Sie damals?", mischte ich mich ein, auch um eine Diskussion abzuwürgen, die die Atmosphäre am Tisch hätte vergiften können. Im Wesentlichen aber interessierte mich, wie Karla, die damals noch ein Kind gewesen sein musste, die Flucht in Erinnerung behalten hatte.

„Ich war vier Jahre alt", antwortete Karla.

Mir schien, sie war dankbar, dass ich ihr offenbar ersparte, in ein Streitgespräch hineingezogen zu werden

„Haben Sie noch Erinnerungen an ihre damalige Heimat und die Flucht", fragte ich weiter.

„Nur ganz wenige", antwortete sie. „Wir lebten damals in Branek, einem Dorf in Mähren. Der nächste Bahnhof, zu dem wir gehen mussten, so haben es mir meine Eltern später erzählt, war Prerau, von dem ein Bummelzug zu der Stadt Olmütz führte. Dort wollten wir versuchen, in einen Zug nach Westen steigen zu können. Viel mehr haben meine Eltern nicht von der Flucht erzählt. Ob die Erlebnisse so schrecklich waren, dass sie sie verdrängt hatten, weiß ich nicht. Jedenfalls ist ihr Schweigen außer der Tatsache, dass ich noch klein war, ein Grund dafür, dass ich so wenig über unsere Flucht weiß. Eine Situation jedoch hat sich so fest in meine Erinnerung eingebrannt, dass sie mir gegenwärtig ist, als sei sie gestern geschehen."

„Darf ich etwas mehr dazu erfahren", bat ich.

Inzwischen hatten auch die um uns Sitzenden uns ihre Aufmerksamkeit gewidmet. Karla blickte mich lange schweigend an. Offenbar rang sie mit sich, ob sie meinem Wunsch nachkommen sollte. Schließlich überwand sie sich. *Die Bruchstücke ihrer kindlichen Erinnerung will ich im Folgenden wiedergeben* und mit eigenen Worten ergänzen.

Karla auf der Flucht

Immer, wenn Karlas Mutter ihr von der Flucht erzählte, hatte Karla den Eindruck, sie spräche von etwas ganz anderem als dem, was Karla selbst in ihrer Erinnerung fand. Auf dem Handkarren sitzen zu dürfen, auf dem sie sich zwischen die wenigen Kästen und Säcke duckte, die ihre Mutter und ihr Vater in der Eile mit ihren Sachen vollgestopft hatten, war für sie ein aufregendes Abenteuer gewesen, ebenso wie die anschließende lange, häufig für mehrere Monate unterbrochene Fahrt in immer wieder anderen Eisenbahnwaggons. Das alles hatte sie zusammen mit anderen Kindern und deren Eltern aus ihrem Dorf wie einen ausgedehnten Ausflug erlebt. Dass ihre Mutter, wie sie sagte, vor Angst gezittert hatte, war Karla verborgen geblieben. Sie hatte sich immer beschützt und nie in Gefahr gefühlt. Natürlich war ihr manchmal bitterkalt gewesen, und Hunger hatte sie auch ab und an gehabt. Aber das war doch nichts Besonderes bei einem solchen Abenteuer. Nein, an Angst konnte sie sich nicht erinnern. Aber geweint hatte sie schon, als sie gemeinsam mit ihren Eltern ihr Haus verlassen musste. Sie verstand nicht, warum sie so hastig einpacken und aufbrechen mussten, und es tat ihr in der Seele weh, alle Möbel und andere Dinge, insbesondere viele ihrer Spielsachen zurückzulassen. Ja, da hatte sie geweint und war verzweifelt gewesen. Auf ihre Frage, wann sie wieder zurückkommen würden, hatte der

Vater sie mit den Worten: `Wir kommen nicht wieder zu-
rück´ in den Arm genommen.

„Warum denn nicht?", hatte sie gefragt.

„Wir dürfen hier nicht bleiben."

„Wo sollen wir denn hin?"

„Wir müssen uns etwas anderes suchen, wo wir wohnen
können."

Das hatte Karla sich nicht vorstellen können. Warum ihr
Vater solch eine Geschichte erzählte, begriff sie nicht. Aber
er war sowieso oft merkwürdig gewesen, seit er aus dem
Krieg mit nur noch einem Bein nach Hause gekommen war
und nur mit seiner Holzprothese, die ihr etwas unheimlich
war, humpelnd gehen konnte. An ein Weihnachten, zu dem
ihr Vater Urlaub hatte und von der Front für ein paar Tage
zu ihnen gekommen war, erinnerte sie sich. Da hatte er
noch beide Beine gehabt. Er war ein stattlicher Mann ge-
wesen mit starken Schultern und großen Händen, die zu-
packen konnten, wenn es etwas am Haus oder im Garten
zu tun gab oder wenn er ein Kind hochheben und vor sich
auf den Tisch setzen musste. Er war Kinderarzt. Fast jeden
Tag waren Kinder zu ihm gekommen, weil sie krank waren
oder aus anderen Gründen behandelt werden mussten.
Viele weinten vor Angst, aber wenn Karlas Vater mit ihnen
sprach, beruhigten sie sich schnell und blickten ihn mit
großen Augen an. Nun aber war er wortkarg und, wie Kar-
las Mutter ihr zu erklären versuchte, sehr traurig. Früher
war er oft mit dem Auto zu Hausbesuchen zu seinen klei-
nen Patienten gefahren, hatte die Mutter erzählt. Nun aber
gab es kein Auto und auch kein Pferd mehr, weil Soldaten

sie mit sich genommen hatten, und mit seinem Holzbein konnte Karlas Vater nicht mehr zu den Kindern laufen, die nicht in der Nachbarschaft wohnten. Er wusste, dass sie seine Hilfe brauchten, aber der Weg zu ihm für sie zu weit war. Dass ihn das sehr betrübte, hatte sie verstehen können, nicht aber die merkwürdigen Dinge, die er sagte, und dass er sie mit ihren Fragen allein gelassen hatte. Im Übrigen verschwammen die Bilder. Sie erinnerte sich noch an einige der Zimmer des Hauses, das sie verlassen mussten, an mehr aber nicht. Auch, wer mit ihnen gemeinsam gegangen und gefahren war, hatte sie vergessen. Nur dass es viele waren, wusste sie noch.

Am besten erinnerte sich Karla an dieses Erlebnis, das ich mit ihren Worten wiedergebe:

Meine Mutter und noch jemand von den Nachbarn zogen den Handkarren, auf dem ich sitzen durfte. Mein Vater ging neben dem Karren her, auf dem für ihn kein Platz war. Anfangs erzählte er mir noch Märchen und andere Geschichten, dann aber atmete er immer schwerer und konnte nicht mehr so viel sprechen. Schließlich stöhnte er und humpelte so langsam, dass er zurückblieb und der Abstand zu ihm immer größer wurde.

„Mama, bleib stehen. Papa kann nicht mehr so schnell!", rief ich.

„Nein, geht nur zu!", rief mein Vater. „Der Weg bis zum Bahnhof ist noch weit, und der Zug wird nicht auf uns warten."

„Wartet!", bat meine Mutter, als sie sah, dass mein Vater keuchend stehen geblieben war. „Anhalten!".

Mein Vater ging zum Straßenrand und stieg in den Graben hinunter. Dort setzte er sich an den Rand und holte ein schwarzes Ding aus seiner Manteltasche.

„Um Himmels Willen, was machst du?", schrie meine Mutter.

Mein Vater machte eine Handbewegung, als wollte er sie alle wegscheuchen.

„Geht weiter", rief er. „Kümmert euch nicht um mich. Es ist gut so!"

Meine Mutter packte mich und hob mich aus dem Handkarren.

„Schnell, lauf zum Papa!", rief sie und schaute mich mit aufgerissenen Augen an.

Ich verstand zwar nicht, warum meine Mutter sich so sehr aufregte, spürte aber, dass ich jetzt wichtig war. Ich lief zu meinem Vater und streckte ihm meine Arme entgegen.

„Papa, Papa!", rief ich.

Mein Vater saß im Graben und hatte mir den Rücken zugewandt. In einer Hand hielt er das schwarze Ding, das ich von weitem gesehen hatte. Es sah aus wie ein Rohr mit einem dicken Griff daran.

Ich stand jetzt direkt hinter ihm und fasste ihm an den Rücken. Da dreht er sich um. Er schaute an mir vorbei. Seine Augen blickten leer, so als seien sie tot.

„Hier bin ich", sagte ich.

Ein Zucken ging durch meines Vaters Körper, so als wache er aus einem Traum auf. Als er mir endlich sein Gesicht zuwandte, wurden seine Augen groß, so als staunte er über etwas. Sein Blick wurde weich und schien mich umarmen und nie wieder loslassen zu wollen. Mir wurde wohlig warm. Ich fühlte mich sicher und glücklich wie in meinem Bett, wenn die dicke Daunendecke mich an einem Winterabend vor der Kälte schützte. Ich schmiegte mich fest an den Körper meines Vaters.

Als ich mich wieder von ihm löste und ihn anblickte, sah ich, dass sich etwas Durchsichtiges über seine Augen legte. Es glänzte wie Wassertropfen an der Fensterscheibe, wenn die Sonne darauf fiel.

"Warum weinst du, Papa", fragte ich. „Freust du dich nicht, dass ich bei dir bin?"

Er atmete tief ein und wollte wohl etwas sagen. Sein Mund versuchte, Worte zu formen, aber kein Laut drang an mein Ohr. Er nahm mich in seine Arme. Warum er dabei zitterte und zuckte, verstand ich nicht. Aber darauf kam es nicht an.

Da hörte ich die Stimme meiner Mutter.

„Du glaubst doch wohl nicht, dass wir ohne dich gehen und dich hier zurücklassen!", rief sie meinem Vater zu. „Los, schmeiß das Ding da weg und komm!"

Ich sah, wie das schwarze Rohr mit dem Griff von uns fort flog und einige Meter entfernt auf den durchnässten Boden klatschte.

In dem Moment kam ein Militärauto vorbei mit drei tschechischen Soldaten darin. Karlas Mutter rief den Soldaten etwas in deren Sprache zu, was Karla nicht verstand. Einer der Soldaten nickte und sagte etwas zu dem Fahrer.

Der hielt an, sprang aus dem Wagen und half dem Vater hinein auf den freien Sitz neben ihm. Dann fuhren sie fort.

„Hab keine Angst", sagte die Mutter zu Karla. „Sie bringen Vater zum Bahnhof. Dort werden wir ihn wiedersehen."

Epilog

Die, die in Hörweite von uns am Tisch saßen, waren still geworden und hatten Karla gelauscht, die wie in Trance ihre Erinnerung preisgegeben hatte. Erst jetzt schien ihr aufzufallen, dass so viele ihr zuhörten.

„Bitte, sprechen Sie weiter", forderte ich sie auf. „Das bewegt mich sehr."

„Wir sind nach einem Jahr Aufenthalt in Bayern und einer anschließenden langen Irrfahrt in Braunschweig gelandet, wo ich heute noch in meinem Elternhaus wohne, das mein Vater viele Jahre nach unserer Ankunft dort gekauft hat", fuhr sie fort. „Als er sehr alt geworden war, saß er meist nur noch in einem Lehnstuhl, weil das Gehen ihm zu beschwerlich wurde und er einen Rollstuhl ablehnte. Meine Mutter und er lebten in ihrer Wohnung im Parterre. Ich wohnte mit meinem Mann und meinen beiden Kindern im ersten Stock.

`Da bist du ja, mein Engelchen´, begrüßte mich mein Vater jedes Mal, wenn ich ihre Wohnung betrat.

An den Teil unserer Flucht in den Eisenbahnwaggons, danach in einem Lager mit vielen anderen, die wie wir geflohen waren, und nach langem Warten die Fahrt nach Braunschweig habe ich nur noch wenige Erinnerung. Immer aber sehe ich die Augen meines Vaters vor mir, als er in dem Graben saß und sich nach mir umgedreht hatte. Es dauerte viele Jahre, bis ich verstand, warum er mich seitdem „mein Engelchen" nannte. Ich habe mich nie wie ein Engel gefühlt, sondern auch in dem Moment nur Schutz und Geborgenheit bei ihm gesucht. Heute weiß ich, dass ich damals noch viel mehr von ihm bekommen habe.

Wenn ich jemanden von Liebe sprechen höre, sehe ich die Augen meines Vaters vor mir. So hat mich seitdem niemand mehr angeschaut, auch er nicht, so sehr er mich auch geliebt haben mag. Diesen einen Blick kann ich nicht vergessen. Ich spüre ihn und sehe, wie er auf mir ruht. Ich muss nur hinschauen – mit meinem Herzen."

Noch eine ganze Zeit blickte Karla schweigend vor sich auf ihren Teller. Auch wir blieben stumm.

„Ich fürchte, das Essen ist kalt geworden, während ich viel zu lange geredet habe", schreckte sie plötzlich auf, so als sei sie aus einer anderen Welt aufgetaucht.

„Sehr bewegend", sagte die Dame, die sich zuvor so sehr erregt hatte. Sie zögerte einen Moment, bis sie ihre Hand auf Karlas Unterarm legte.

Meine Gedanken konnten sich nicht von Karla und ihrer Erzählung lösen. Ich wusste, dass sie mir noch lange, womöglich sogar für immer im Gedächtnis bleiben würden.

Blaue Augen

„Sehr geehrte Reisende, in Kürze erreichen wir unseren nächsten Halt", ertönt es dumpf aus den Lautsprechern des Zuges. Schnell packe ich meine sieben Sachen zusammen und stelle mich schon mal an die Tür.

Wie immer auf diesem Teil der Strecke schaue ich aus dem Fenster der Zugtür.

Vor mir tauchen im fahlen Licht der untergehenden Sonne die Häuserdächer eines kleinen Dorfes auf.

Meine Augen weiten sich und mein Herz beginnt schneller zu schlagen.

Hinter den Häusern erstrecken sich die Wiesen, Felder und Wälder, die mir alle so vertraut sind.

Ein Gefühl von Vertrautheit erfüllt mich, es fühlt sich an wie nach Hause kommen und lässt mich vor Freude strahlen wie ein Honigkuchenpferd. So hatten meine Eltern mein breites Grinsen zumindest früher immer genannt und in diesem Moment strahlte ich wahrscheinlich wieder genauso, wie ich es nur allzu oft als kleines Kind getan hatte.

Ja, das ist mir alles so vertraut. Mit diesem Ort fühle ich mich verbunden, denn hier komme ich her. Hier fühle ich mich geborgen.

Plötzlich wird es dunkel.

Wir fahren durch einen Tunnel und das Dorf ist nicht mehr zu sehen.

Dafür taucht vor mir ein schmales Gesicht mit blauen Augen auf. Sie sehen mich an. Unsere Blicke treffen sich. Die Person kommt mir bekannt vor. Ihre leuchtenden Augen ziehen mich in ihren Bann. Es ist mir, als löse sich die Welt auf, als verlöre ich mich an einen anderen Ort.

Das Gesicht vor meinen Augen beginnt sich zu verändern und ein Bild entsteht.

Ich sehe ein kleines Mädchen, dass freudig strahlt. Sie wirkt glücklich, wie sie so auf der Wiese an einer Kirche mit ihren Freunden Fußball spielt.

Das Mädchen lacht. Gerade ist ein Tor gefallen, das sie geschossen hat. Ihre Freunde freuen sich mit ihr. Sie scheint viel Spaß zu haben und das Leben unbeschwert genießen zu können.

Mit einem Mal verschwimmt das Bild. Es ist, als würde Regen es verwischen.

Aus den verwaschenen Farben entsteht ein neues Bild.

Wieder sehe ich das Mädchen. Dieses Mal sitzt es allein auf einer Mauer und schaut in Richtung der Felder und Wälder.

Es sieht traurig aus und kleine Tränen kullern über ihre Wangen.

Dieses Mal sind keine Freunde zu sehen. Das Kind scheint einsam zu sein.

In den Händen hält es eine Hundeleine, aber weit und breit ist kein Hund zu erkennen.

Ein plötzlich grell blendendes Licht lässt mich kurz die Augen schließen.

Als ich sie wieder öffne, sehe ich erneut eine Landschaft vor mir.

Das Gesicht aber ist verschwunden.

Was bleibt, sind die noch nassen Spuren auf meinen Wangen.

Der Mauersegler　　　Ruth Finckh

Auf der Kellertreppe saß
verschleppt
Aug in Aug mit der Katze
ein Mauersegler, scheinbar
unversehrt, doch wer weiß:
Seine Seele vielleicht
war zerbissen.
Ich nahm
ihn auf, hielt ihn draußen
dem Himmel hin.
Er zögerte,
sah
mich zweifelnd an aus der
Hand und
flog

Tandemprojekte

Zwei Geschichten dieser Anthologie sind als generationenübergreifende Tandemprojekte der Offenen Schreibwerkstatt der UDL Göttingen entstanden. In diesen Projekten haben ein Regel-Student/eine Regel-Studentin der Uni und ein Senior-Student/eine Senior-Studentin aus der Schreibwerkstatt der UDL gemeinsam den Text geschrieben.

Für die organisatorische Unterstützung der Tandem-Projekte und die Möglichkeit, sie als Studienleistung im Schlüsselkompetenz-Bereich anerkennen zu lassen, danken wir der Philosophischen Fakultät und insbesondere unserem unschätzbaren Helfer und Berater Matthias Kracht.

Die Autoren

Jonas Richter

Mona Hartmann

Wilfried Seitz

Paul Borck

Marah Baer

Gerhard Diehl

Brititte Rosetz

Nevena Radeva

Martina Scheible

Hans-Jochen Hübbing

Philipp Schrum

Hansi Sondermann

Lara Döring

Mareile Steinsiek

Helga Margenburg

Ruth Finckh

Manfred Kirchner

Lore Lehmann

Claire Matthi-Seibt

Samira R. Belmonte

Margarit Schweiz